LA CHANCE DU DIABLE

Ian Kershaw

LA CHANCE DU DIABLE

Le récit de l'opération Walkyrie

Traduit de l'anglais et de l'allemand
par Pierre-Emmanuel DAUZAT

Flammarion

Hitler 1936-1945 : Némésis
a originellement paru chez Penguin Books Ltd, en 2000.
Luck of the Devil, adaptation tirée de ce livre,
a paru chez Penguin Books Ltd en 2009.

ISBN : 978-2-0812-2343-1

« Il est désormais temps de faire quelque chose. Mais l'homme qui a le courage de faire quelque chose doit le faire en sachant qu'il restera dans l'histoire de l'Allemagne comme un traître. S'il ne le fait pas, cependant, c'est sa conscience qu'il trahira. »

Claus von Stauffenberg,
juillet 1944.

1

Face au dilemme

L'attentat du 20 juillet 1944 contre Hitler a une longue préhistoire. Sa trame est complexe ; elle mêle les valeurs éthiques les plus hautes et un sentiment transcendantal du devoir moral, les codes de l'honneur et l'idéalisme politique, mais aussi des convictions religieuses, le courage personnel, une abnégation remarquable, une humanité profonde et un amour du pays à des années-lumière du chauvinisme nazi. Cette préhistoire est aussi riche – comment aurait-il pu en aller autrement étant donné les circonstances ? – en désaccords, en doutes, en méprises, en erreurs de calcul, en dilemmes moraux, en manques de clairvoyance, en hésitations, en cassures idéologiques et en heurts personnels, mais également en maladresses et en méfiances, sans oublier la malchance pure et simple.

L'idée d'un coup d'État pour éliminer Hitler remonte à la crise des Sudètes, en 1938. Sa détermination à risquer la guerre avec les puissances occidentales et à entraîner l'Allemagne dans la catastrophe avait à l'époque conduit un certain nombre de personnages haut placés du commandement suprême de l'armée de terre, de la diplomatie et de l'Abwehr (le service de renseignements de l'armée allemande), ainsi qu'un cercle de proches, à comploter en vue de l'écarter s'il attaquait la Tchécoslovaquie. La conspiration avait bel et bien pris forme, mais l'empressement de Chamberlain, le Premier ministre anglais, à trouver un accommodement avec Hitler avait coupé l'herbe sous les pieds des conjurés. Quoi qu'il en soit, leur projet n'aurait sans doute pas abouti. L'été suivant, alors que la menace de guerre se précisait, le même groupe avait tenté de ranimer la conspiration que les accords de Munich avaient fait capoter. Un an après Munich, cependant, les vagues lueurs d'opposition n'avaient débouché sur rien. Les divisions internes, la popularité continue de Hitler auprès des masses et surtout la loyauté (qui, même si elle parut parfois vacillante, resta en définitive totale) des chefs de l'armée de terre, dont le soutien à un coup d'État était vital, eurent raison de leurs velléités. Au cours de la guerre, les mêmes éléments devaient entraver la conjuration contre Hitler dans des conditions autrement plus difficiles.

Un homme avait, auparavant, imaginé d'assassiner le Führer : le menuisier souabe Georg Elser qui, agissant seul, n'avait pas connu les hésitations des hommes issus des hautes sphères du régime.

Dans la nuit du 8 novembre 1939, il avait posé une bombe à la Bürgerbräukeller, une brasserie munichoise où le Führer devait présider un rassemblement du parti, et il s'en était fallu d'un fil pour que son geste condamnât Hitler à l'oubli. À cette occasion, seule la chance avait sauvé la vie du Führer. En dehors des actions d'un assassin solitaire, cependant, et alors que les groupes de résistants clandestins de gauche, s'ils n'avaient jamais été éliminés, restaient faibles, isolés et privés de tout accès aux allées du pouvoir, le seul espoir de renverser Hitler se trouvait désormais du côté de ceux qui occupaient des positions de pouvoir ou d'influence au sein du régime.

Aux marges de la conjuration, la participation au régime nazi créait naturellement une certaine ambivalence. Rompre un serment de loyauté n'était pas une bagatelle, même pour ceux à qui Hitler inspirait une aversion évidente. Les valeurs prussiennes étaient ici une arme à double tranchant : le sens profond de l'obéissance à l'autorité et du service de l'État se heurtait au sens tout aussi profond du devoir envers Dieu et envers son pays. Ce qui triomphait chez un individu était affaire de conscience et de jugement : allait-il accepter de servir, le cœur gros, un chef de l'État légitime, quoique détesté ? ou, au contraire, rejeter cette allégeance au nom d'un bien supérieur, dès lors que ledit chef de l'État entraînait le pays à la ruine ? La conscience pouvait pencher – et pencha – dans un sens ou dans l'autre.

Si cette généralisation admet de nombreuses exceptions, les différences de génération jouèrent un certain rôle. Les jeunes officiers, par exemple, étaient plus enclins à caresser l'idée de participer activement à une tentative de renversement du chef de l'État que ceux qui avaient déjà atteint les sommets, c'est-à-dire les généraux et les feld-maréchaux. Le constat est implicite dans une remarque que fit, quelques mois avant l'attentat, le colonel Claus Schenk Graf von Stauffenberg : « Puisque les généraux n'ont jusqu'à maintenant abouti à rien, c'est aux colonels de s'en occuper. »

Par ailleurs, pour des raisons éthiques, et pas simplement de génération, les avis étaient profondément partagés sur le caractère moral d'un assassinat du chef de l'État au beau milieu d'un conflit de proportions titanesques contre un ennemi dont la victoire menaçait l'existence même de l'État allemand. Toute attaque contre le chef de l'État relevait, naturellement, de la haute trahison. En pleine guerre, seul le poids relatif attaché aux valeurs morales permettait de distinguer un tel acte de la trahison de son pays au profit de l'ennemi. Et c'était essentiellement une affaire de conviction personnelle. Qui plus est, seuls quelques-uns étaient en mesure d'accumuler des renseignements précis et de première main sur l'inhumanité du régime tout en possédant les moyens d'éliminer Hitler. Et, parmi eux, ils étaient moins nombreux encore à être disposés à agir.

Au-delà des considérations éthiques, il y avait la peur des conséquences terrifiantes – pour les familles aussi bien que pour les individus eux-mêmes – si l'on découvrait leur implication dans un complot pour éliminer Hitler et fomenter un coup d'État. Elle suffit certainement à en dissuader plus d'un qui avait de la sympathie pour les objectifs des conjurés mais qui rechignait à s'engager. Toutefois, le danger constant d'être découvert et les risques physiques n'étaient pas seuls en cause. Il y avait encore l'isolement de la résistance. Entrer dans la conjuration contre Hitler, ou même flirter avec elle, c'était mesurer, au fond de soi, la distance qui vous séparait de vos amis, de vos collègues, de vos camarades, entrer dans un monde crépusculaire où les dangers étaient immenses et s'isoler socialement, idéologiquement et même moralement.

Indépendamment de la nécessité évidente, dans un État policier et terroriste, de minimiser les risques par un secret maximal, les conjurés eux-mêmes avaient conscience de manquer de soutiens au sein de la population. En 1944, alors que les déroutes militaires s'accumulaient et que la catastrophe ultime se profilait à l'horizon, les fanatiques de Hitler étaient loin d'avoir disparu et, même s'ils représentaient une inclination minoritaire, continuaient de faire montre d'une résilience et d'une vigueur remarquables. Dans l'adversité, ceux qui restaient liés au régime moribond, ceux qui s'y étaient investis et engagés, qui avaient brûlé leurs vaisseaux avec lui et demeuraient de vrais adeptes du Führer ne reculeraient probablement devant rien pour réprimer impitoyablement le moindre signe d'opposition. Au-delà des fanatiques, il y avait encore tous ceux qui pensaient – naïvement ou après mûre réflexion – qu'il n'était pas simplement mal, mais aussi méprisable et traître, d'affaiblir son pays en pleine guerre. Quelques jours avant l'attentat, Stauffenberg résuma ainsi le dilemme des conspirateurs : « Il est désormais temps de faire quelque chose. Mais l'homme qui a le courage de faire quelque chose doit le faire en sachant qu'il restera dans l'histoire de l'Allemagne comme un traître. S'il ne le fait pas, cependant, c'est sa conscience qu'il trahira. »

Ce dilemme demeura constant pour ceux qui avaient décidé – parfois avec le cœur gros – que l'avenir de l'Allemagne reposait sur leur capacité d'éliminer Hitler, violemment ou non, de la scène, de former un nouveau gouvernement et de rechercher la paix. C'est une des raisons importantes pour lesquelles, à compter de 1938, les principaux tenants de la résistance attendirent fatidiquement le « bon moment » – un moment toujours différé. Redoutant d'abattre un héros national qui venait de remporter des triomphes à peine imaginables (qu'ils avaient parfois acclamés, ou qui les avaient fascinés), ils se sentirent paralysés aussi longtemps que Hitler engrangea succès sur succès, avant la guerre, puis remporta des victoires éclairs. Mais non moins inquiets des conséquences de l'élimination de Hitler et craignant de paraître saboter l'effort de guerre après une déroute, ils continuèrent à hésiter jusqu'au jour où la victoire finale ne fut plus qu'une chimère. Plutôt que de choisir eux-mêmes le moment de frapper, les conjurés l'abandonnèrent à des contingences extérieures sur lesquelles, naturellement, ils n'avaient aucune prise.

En 1944, lorsqu'ils finirent par passer à l'action, alors que l'invasion occidentale était consolidée et que l'Armée rouge approchait des frontières du Reich, les conjurés eux-mêmes reconnurent qu'ils avaient laissé passer l'occasion d'infléchir le cours de la guerre. L'une des âmes du complot, le général de division Henning von Tresckow, depuis fin 1943 chef d'état-major de la IIe armée de la section sud du front est, résumait les choses ainsi : « Ce n'est plus une affaire d'objectif pratique. Il s'agit de montrer au monde et à l'Histoire que le mouvement allemand de résistance, au risque de sa vie, a osé le coup décisif. Au regard de cela, tout le reste est indifférent. »

2

Tâtonnements

Entre l'automne 1939 et le printemps 1941, l'enchaînement stupéfiant des succès militaires avait réduit les perspectives de l'opposition à Hitler. Puis, à la suite de la promulgation de la sinistre loi ordonnant la liquidation des commissaires politiques de l'Armée rouge capturés, c'est le colonel Henning von Tresckow, alors officier d'état-major du feld-maréchal Fedor von Bock au groupe d'armées centre, qui avait contribué à réveiller les idées de résistance parmi un certain nombre d'officiers du front – dont certains à dessein choisis en raison de leur hostilité au régime.

Né en 1901, grand, de plus en plus chauve, ce soldat de métier au maintien grave était un fervent défenseur des valeurs prussiennes. Froid et réservé, c'était en même temps une personnalité marquante et énergique, d'une modestie désarmante, mais animé d'une détermination d'airain. Autrefois admirateur de Hitler, Tresckow s'était ensuite métamorphosé en un critique inflexible des politiques anarchiques et inhumaines du régime. La Gestapo ne s'y trompa pas, qui le présenterait après l'attentat comme, « sans doute, l'un des moteurs et le "mauvais esprit" des cercles putschistes » ; quant à Stauffenberg, il parlait de lui comme son « maître ». Parmi ceux que Tresckow put faire venir au groupe d'armées centre figuraient des alliés proches dans la conspiration naissante contre Hitler : notamment Fabian von Schlabrendorff, de six ans son cadet, qui avait suivi une formation de juriste et devait servir d'agent de liaison entre le groupe centre et d'autres foyers de la conspiration ; et Rudolf Christoph Freiherr von Gersdorff, né en 1905, militaire de carrière déjà très critique à l'égard de Hitler et occupant désormais un poste clé dans la section de renseignements du groupe centre. Toutefois, ils échouèrent dans leurs efforts pour persuader Bock et les autres commandants des deux groupes du front est, Rundstedt et le feld-maréchal Wilhelm Ritter von Leeb, d'affronter Hitler et de refuser ses ordres. Toute perspective d'opposition réaliste depuis le front disparut de nouveau jusqu'à la fin 1942. À cette date, cependant, dans le sillage de la crise de Stalingrad et jugeant Hitler responsable de la ruine certaine de l'Allemagne, Tresckow était désormais prêt à l'assassiner.

Dans le courant de l'année 1942, divers foyers de l'opposition presque en sommeil en Allemagne même – dans l'armée comme dans la société civile – avaient commencé à se réveiller. La sauvagerie de la guerre sur le front est et, à la lumière de la crise de l'hiver 1941-1942, l'ampleur de la calamité vers laquelle Hitler dirigeait l'Allemagne ressuscitèrent l'idée, encore très vague, qu'il fallait faire quelque chose. Ludwig Beck (ancien chef de l'état-major général de l'armée de terre), Carl Goerdeler (un temps commissaire aux prix du Reich), Johannes Popitz (ministre prussien des Finances) et Ulrich von Hassell (qui avait été ambassadeur d'Allemagne à Rome) – tous liés à la conjuration d'avant la guerre – se retrouvèrent à Berlin en mars 1942, mais conclurent que les perspectives étaient encore réduites. Il n'en fut pas moins convenu que l'ancien chef d'état-major, Beck, serait le foyer de l'opposition embryonnaire.

Diverses réunions eurent lieu peu après avec le colonel Hans Oster – chef du bureau central traitant des renseignements étrangers à l'Abwehr, il avait été l'un des piliers de la conspiration de 1938, et c'est lui qui, en 1940, avait transmis à la Hollande les plans d'invasion de l'Allemagne. Hans von Dohnanyi y assista également : ce juriste avait lui aussi joué un grand rôle dans le complot de 1938 et avait profité de son poste à la section étrangère de l'Abwehr pour établir de bons contacts avec des officiers tentés par l'opposition. À peu près à la même époque, Oster noua des liens étroits avec une nouvelle recrue d'importance pour les groupes d'opposition, le général Friedrich Olbricht, chef du bureau général de l'armée de terre à Berlin et adjoint de Fromm à la tête de l'armée intérieure. Né en 1888 et militaire de carrière, Olbricht n'était pas homme à aimer se retrouver sous les feux de la rampe. Il était le type même du « général de bureau », de l'organisateur et de l'administrateur militaire. En revanche, il tranchait par son attitude favorable à la république de Weimar avant 1933, puis par son hostilité systématique à Hitler, largement nourrie de sentiments chrétiens et patriotiques, et ce jusque dans la jubilation des triomphes de politique étrangère des années 1930 et les victoires de la première phase de la guerre. C'est à lui qu'il appartiendrait, décida-t-on, de préparer le coup d'État qui devait suivre l'assassinat de Hitler.

Dès l'aggravation de la crise de Stalingrad, fin 1942, Tresckow chercha à mettre en œuvre l'assassinat de Hitler. Il s'était convaincu qu'on ne pouvait compter sur les plus hauts chefs militaires pour prendre l'initiative d'un coup d'État. De son point de vue, « ils suivraient seulement un ordre ». Il prit alors sur lui d'assurer l'« amorçage initial », ainsi que les conjurés désignaient l'assassinat de Hitler, qui allait leur permettre d'éliminer les dirigeants nazis et de prendre le contrôle de l'État. Dès l'été 1942, Tresckow avait chargé Gersdorff de se procurer des explosifs adéquats. Celui-ci acquit et testa divers engins, dont des explosifs britanniques destinés aux opérations de sabotage de la Résistance française et récupérés à la suite de la fatidique opération de commando sur Saint-Nazaire et Dieppe en 1942. Finalement, Tresckow et lui fixèrent leur choix sur un petit engin magnétique britannique, un « Clam » (une sorte de mine adhésive), de la taille d'un livre, idéal pour le sabotage et facile à dissimuler. Entre-temps, Olbricht assura la coordination avec les autres conjurés de Berlin et prépara le terrain en vue d'un coup d'État prévu pour mars 1943. Les plans pour occuper les positions civiles et militaires importantes de Berlin et d'autres grandes villes étaient, pour l'essentiel, conformes à ceux qui devaient être mis en œuvre en juillet 1944.

L'un des problèmes majeurs était celui des moyens de se rapprocher suffisamment de Hitler pour perpétrer un assassinat. Les déplacements de Hitler étaient imprévisibles. Il lui arrivait souvent de changer de projets à la dernière minute, et pas uniquement pour des raisons de sécurité. À la mi-février 1943, son emploi du temps capricieux avait déjoué les intentions de deux officiers, le général Hubert Lanz et le général de division Hans Speidel, qui comptaient arrêter Hitler lors de sa visite annoncée au QG du groupe d'armées B, à Poltava. La visite avait été annulée. Et le 17 février, quand Hitler se décida soudain à inspecter le front, il se rendit à Zaporojïé, non pas à Poltava (que le groupe d'armées B avait de toute façon quitté). Depuis lors, la sécurité personnelle de Hitler avait été considérablement renforcée. Il était invariablement escorté de ses gardes du corps SS, armes au poing, et se faisait toujours conduire par son chauffeur, Erich Kempka, dans l'une de ses limousines stationnées en différents points du Reich et des territoires occupés. Qui plus est, il portait une veste et un chapeau pare-balles. Tout cela contribua à convaincre les conjurés que les chances étaient maigres qu'un assassin désigné eût le temps de sortir son arme, de viser et de vérifier que Hitler était bien mort. De surcroît, le tireur d'élite pressenti, titulaire de la Croix de fer aux feuilles de chêne, le lieutenant-colonel Georg Freiherr von Boeselager, n'était pas certain d'être mentalement armé pour abattre quelqu'un de sang-froid, fût-ce Hitler. C'était tout autre chose, dans son esprit, que de viser un ennemi anonyme pendant la guerre.

Boeselager n'en prépara pas moins un groupe d'officiers, qui s'étaient portés volontaires, à abattre Hitler lors de la visite qu'il rendrait bientôt, espérait-on, au QG du groupe centre, à Smolensk. La visite eut finalement lieu le 13 mars. Le projet de l'abattre dans le mess du feld-maréchal von Kluge, commandant du groupe d'armées, fut abandonné de crainte de tuer Kluge et d'autres officiers supérieurs en même temps que Hitler. Compte tenu des hésitations de Kluge et de son ambivalence à l'égard de la conspiration, des conjurés plus cyniques eussent sans doute pensé qu'il valait la peine de courir le risque. En fait, ils estimaient que la perte de Kluge et d'autres chefs du groupe centre achèverait d'affaiblir un front est déjà précaire. L'idée germa alors d'abattre Hitler lorsqu'il parcourrait la courte distance séparant sa voiture du QG. Après avoir infiltré le cordon de sécurité et choisi la position pour ouvrir le feu, cependant, le commando d'assassins renonça à son projet. Était-ce parce que Hitler regagna sa voiture par un autre chemin ? Ou jugèrent-ils excessif le danger de tuer en même temps Kluge et d'autres officiers du groupe ? Si la seconde explication est la plus probable, il est impossible de trancher.

Tresckow se rabattit alors sur son projet initial d'attentat. Lors du repas au cours duquel, si les plans initiaux avaient été mis en œuvre, Hitler aurait dû être abattu, Tresckow demanda à un membre de l'entourage du Führer, le lieutenant-colonel Heinz Brandt, qui voyageait dans l'avion de Hitler, de se charger d'un paquet destiné au colonel Helmuth Stieff, du commandement suprême de l'armée de terre. Cela, en soi, n'avait rien d'inhabituel. Quand l'occasion s'en présentait, il était fréquent qu'on se rendît ce genre de petits services. Tresckow prétexta un pari avec Stieff. Le colis ressemblait à deux bouteilles de cognac : il s'agissait en fait des deux parties de la bombe britannique « Clam » que Tresckow avait assemblées.

Schlabrendorff porta le colis à l'aérodrome et le remit à Brandt alors qu'il montait dans le Condor de Hitler, prêt à décoller. Quelques instants plus tôt, Schlabrendorff avait appuyé sur la capsule d'allumage pour activer le détonateur. L'engin devait souffler Hitler trente minutes plus tard en plein ciel, peu avant que l'avion arrivât à Minsk. Schlabrendorff regagna le QG le plus vite possible et informa l'opposition de Berlin, à l'Abwehr, que l'« amorçage » du coup d'État avait été déclenché. Mais aucune nouvelle n'arriva de l'explosion. Dans le groupe de Tresckow, la tension était tangible. Quelques heures plus tard, ils apprirent que Hitler s'était posé sans dommages à Rastenburg. Schlabrendorff fit savoir à Berlin que la tentative avait échoué. Pourquoi n'y avait-il pas eu d'explosion ? Cela tenait du mystère. Probablement le froid intense avait-il empêché la détonation. Pour les conspirateurs dont les nerfs étaient à vif, les ruminations sur les causes probables de l'échec passèrent vite au second plan : il était vital de récupérer au plus vite le colis accusateur. Tresckow appela Brandt et lui expliqua qu'il y avait eu méprise : il ne devait pas transmettre le paquet. Le lendemain matin, Schlabrendorff prit l'avion avec deux véritables bouteilles de cognac, récupéra la bombe, s'isola, ouvrit le paquet avec le plus grand soin à l'aide d'une lame de rasoir et, à son grand soulagement, parvint à la désamorcer. L'opposition fut à la fois soulagée et amèrement déçue d'avoir laissé passer une telle chance.

Aussitôt, cependant, se profila une nouvelle occasion. Le 21 mars 1943, à Berlin, Gersdorff avait la possibilité de se trouver à une cérémonie officielle à laquelle assisterait Hitler. Il se déclara prêt à sacrifier sa vie pour faire réussir l'attentat. Tresckow, pour sa part, assura à Gersdorff que le coup d'État qui devait suivre l'assassinat de Hitler déboucherait sur un accord avec les puissances occidentales : l'Allemagne capitulerait tout en continuant de défendre le Reich à l'est et introduirait un régime démocratique. Non sans difficultés, il fallut ensuite veiller à ce que Gersdorff fût assez près de Hitler pour accomplir l'assassinat et savoir à quel moment exactement commencerait la cérémonie. Compte tenu des mesures de sécurité, trahir de tels détails, c'était à coup sûr s'exposer à une condamnation à mort. Ces points étant réglés, restait un troisième problème : à quel moment agir ? Le meilleur appareil d'allumage que Gersdorff put se procurer laissait dix minutes de battement. La cérémonie proprement dite, qui devait se dérouler dans la cour au toit vitré de la Zeughaus, l'ancien Arsenal, sur l'Unter den Linden, le beau boulevard bordé d'arbres traversant le centre de Berlin, n'offrait aucune possibilité d'amorcer un explosif à proximité du Führer. Et dès que Hitler serait sorti pour inspecter la garde d'honneur au monument aux morts de l'Unter den Linden, déposer la couronne de fleurs, bavarder avec quelques blessés ou s'entretenir avec des hôtes d'honneur, Gersdorff n'aurait plus aucune raison d'être près de lui. Il serait trop tard.

Autrement dit, il lui faudrait agir pendant que Hitler visiterait l'exposition du butin de guerre soviétique, entre la cérémonie de la Zeughaus et le moment où il déposerait la guirlande de fleurs au cénotaphe. Gersdorff se posta donc à l'entrée de l'exposition, dans les salles de la Zeughaus. Lorsque le dictateur entra, il leva le bras droit pour saluer Hitler. Au même moment, de sa main gauche, il pressa le détonateur. Il imaginait que Hitler consacrerait une demi-heure à la visite de l'exposition, ce qui était amplement suffisant pour laisser à la bombe le temps d'exploser. Mais, cette année-là, Hitler parcourut l'exposition au pas de course. C'est à peine s'il jeta un coup d'œil aux objets rassemblés à son intention. Deux minutes plus tard, il était dehors. Il était impossible à Gersdorff de le suivre plus loin. Il se réfugia dans les toilettes les plus proches et désamorça habilement la bombe.

Une fois de plus, Hitler avait eu une chance étonnante. Était-ce la crainte des raids aériens alliés annoncés ce jour-là ? Était-ce le fait des responsables de la sécurité de Hitler qui s'inquiétaient de son apparition en public compte tenu de l'atmosphère malsaine qui régnait après Stalingrad ? Après les protestations des étudiants munichois de « La rose blanche », Hans et Sophie Scholl et leurs amis, rapidement jetés en prison et exécutés pour avoir distribué des tracts attaquant Hitler, les rumeurs d'attentat allaient bon train. Ou était-ce le Führer lui-même qui, se sentant peu de goût pour des cérémonies publiques alors que le pays vacillait sous le choc du désastre militaire, avait voulu en finir au plus vite ? Quelle qu'en soit la raison, une fois encore, la tentative, soigneusement préparée et risquée, avait échoué. Une nouvelle occasion ne devait pas se représenter de sitôt.

L'abattement et l'état de choc consécutifs à Stalingrad offraient aussi probablement le meilleur moment psychologique possible pour mener à bien un coup d'État contre Hitler. Malgré la stratégie de « reddition sans conditions » annoncée par les Alliés, la réussite de l'entreprise avait une chance de créer des dissensions parmi eux. L'élimination des dirigeants nazis et l'offre de capitulation à l'ouest qu'envisageait Tresckow auraient en tout cas mis les Alliés occidentaux dans une situation embarrassante, les obligeant à s'interroger sur la réponse à donner aux propositions de paix.

Bien avant cette époque, cependant, les Alliés avaient systématiquement repoussé les ouvertures des groupes d'opposition. Parce qu'il s'était donné la peine de relayer des ecclésiastiques allemands appartenant à la résistance qui voulaient sonder le gouvernement britannique sur son attitude envers une Allemagne débarrassée de Hitler, George Bell, l'évêque de Chichester, s'était fait traiter de « prêtre pernicieux » par Anthony Eden, le secrétaire britannique aux Affaires étrangères, faisant écho en l'occurrence aux mots prêtés au roi Henri II pour faire assassiner l'archevêque Thomas Becket en 1170. Malgré les contacts établis de longue date avec les chefs de file de la conspiration – y compris Carl Goerdeler, le diplomate Adam von Trott et le pasteur engagé Dietrich Bonhoeffer (qui avait officié un certain temps à l'église allemande, dans le sud de Londres) –, la résistance allemande était au fond une gêne aux yeux des chefs de guerre britanniques (et des Américains, qui partageaient leur point de vue). Dans leur optique, le succès d'un coup d'État de l'intérieur était de nature à compromettre l'alliance avec l'Union soviétique – précisément la stratégie que cherchaient à mettre en œuvre les conjurés – et compliquerait l'instauration d'un nouvel ordre en Allemagne après la guerre. Le critère décisif était de mesurer comment l'action des adversaires de Hitler en Allemagne aiderait les Alliés dans leur effort de guerre. Rédigé un peu plus d'un mois avant l'attentat de Stauffenberg au QG de Hitler, un mémorandum interne du gouvernement britannique apportait une réponse claire : « Aucune initiative que nous puissions prendre vis-à-vis des groupes ou des individus "dissidents" allemands, militaires ou civils, n'a la moindre chance de nous aider concrètement dans nos opérations militaires actuelles sur le front ouest. »

Bien que disposés à distinguer les dirigeants nazis de la population allemande, les Alliés considéraient à peu près de la même manière Hitler (et ses acolytes) et les chefs militaires issus des traditions prussiennes, qu'ils tenaient pour une cause majeure des deux guerres mondiales. À présent que la guerre tournait inexorablement en leur faveur, les Alliés étaient moins que jamais enclins à céder grand-chose à une opposition intérieure qui, semblait-il, avait beaucoup réclamé sans rien accomplir et qui, de surcroît, envisageait de conserver une partie des gains territoriaux réalisés par Hitler.

Tel était en effet le cas, certainement pour quelques-uns des membres les plus âgés du groupe national et conservateur réunis autour de Carl Goerdeler, dont la rupture avec Hitler s'était produite au milieu des années 1930. Goerdeler et ceux qui se situaient plus ou moins dans son orbite – notamment Beck, Hassell, Popitz et Jens Jessen, ancien nazi fervent qui enseignait à Berlin les sciences politiques et l'économie – méprisaient la barbarie du régime nazi. Mais ils étaient aussi désireux de refaire de l'Allemagne une grande puissance et continuaient d'envisager un Reich qui dominerait l'Europe centrale et orientale. Goerdeler, pressenti pour le poste de chancelier dans un gouvernement posthitlérien, avait envisagé au début de 1942 une « fédération européenne d'États sous la conduite de l'Allemagne d'ici à dix ou vingt ans » s'il était possible de mettre fin à la guerre et d'instaurer un « système politique raisonnable ». Dans le courant de l'été 1943, malgré la très nette dégradation de la situation militaire de l'Allemagne, l'incorrigible optimisme de Goerdeler le conduisit à exposer à nouveau ses objectifs de politique étrangère : restauration des frontières orientales de 1914 (autrement dit, l'Allemagne conserverait le couloir de Dantzig, reconquis au prix de barbaries sans nom) ; conservation de l'Autriche et du territoire des Sudètes, avec Eupen-Malmédy et le sud du Tyrol (que même Hitler n'avait pas annexé) ; négociations avec la France sur l'Alsace-Lorraine ; souveraineté absolue de l'Allemagne ; aucune réparation ; et union économique en Europe (la Russie exceptée).

Pour ce qui était de la nature du régime postnazi, les idées des conservateurs nationaux étaient foncièrement oligarchiques et autoritaires. Ils étaient partisans d'une restauration de la monarchie, de droits électoraux limités dans le cadre de communautés autonomes et reposant sur les valeurs familiales chrétiennes – incarnation de la « communauté nationale » authentique que les nazis avaient corrompue.

L'irréalisme de Goerdeler avait des manifestations plus saisissantes encore. Quand on lui suggéra qu'il fallait écarter Hitler de force, il répondit qu'on pourrait le raisonner et le persuader ainsi de démissionner. Son espoir d'un coup d'État sans effusion de sang l'amena à suggérer qu'il pourrait éliminer Hitler dans le cadre d'un débat ouvert si l'armée pouvait lui offrir l'occasion de s'adresser à la Wehrmacht et au peuple. Il n'est pas plus mal que la lettre qu'il avait rédigée en mai 1944, et qui contenait cette étonnante suggestion, ait été bloquée par Stieff et n'ait jamais été transmise à Zeitzler, le chef d'état-major.

Les idées de Goerdeler et de ses proches, que leur âge, leur mentalité et leur éducation portaient à chercher une bonne part de leur inspiration dans le Reich d'avant 1914, ne trouvaient guère d'écho parmi les plus jeunes (pour la plupart nés dans la première décennie du siècle), qui tiraient leur commune identité de leur franche opposition à Hitler et à son régime. Ce groupe, dont les chefs de file étaient en majorité d'ascendance aristocratique, allait être connu sous le nom de « cercle de Kreisau », expression forgée par la Gestapo à partir du nom du domaine de Silésie où il tint un certain nombre de ses réunions. Le domaine appartenait à l'une de ses figures centrales, Helmuth James Graf von Moltke. Né en 1907, ce grand admirateur des traditions britanniques avait fait des études de droit et descendait d'un militaire célèbre, le chef de l'état-major général de l'armée prussienne au temps de Bismarck. Les idées du « cercle de

Kreisau » pour le « Nouvel Ordre » qui serait instauré après Hitler avaient pris forme en 1940 entre Moltke et son ami intime et parent, Peter Graf Yorck von Wartenburg, de trois ans plus âgé. Également juriste de formation, ce personnage fondateur du groupe entretenait aussi de bons contacts avec l'opposition militaire. Tous deux avaient rejeté de bonne heure le nazisme et sa franche inhumanité. Dans les années 1942 et 1943, ils devaient réunir à Kreisau et à Berlin un certain nombre d'amis et de proches qui partageaient leurs points de vue, mais qui étaient issus de toutes les classes sociales et de toutes les confessions religieuses, dont l'ancien boursier d'Oxford et porte-parole du groupe pour la politique étrangère, Adam von Trott zu Solz, le social-démocrate Carlo Mierendorff, le spécialiste socialiste de pédagogie Adolf Reichwein, le père jésuite Alfred Delp et le pasteur protestant Eugen Gerstenmaier.

À la différence du groupe de Goerdeler, le « cercle de Kreisau » puisait largement son inspiration dans l'idéalisme du mouvement allemand de la jeunesse, dans les philosophies socialistes et chrétiennes ainsi que dans l'expérience de la misère qui avait régné après la guerre. Toujours à la différence de Goerdeler et des siens, Moltke, Yorck et leurs proches n'avaient aucun désir de s'accrocher à des espoirs d'hégémonie allemande sur le continent. Ils imaginaient plutôt un avenir dans lequel la souveraineté nationale (et les idéologies nationalistes qui la sous-tendaient) disparaîtrait au profit d'une Europe fédérale, en partie calquée sur les États-Unis d'Amérique. Ils étaient bien conscients des grandes concessions territoriales que devrait faire l'Allemagne, mais aussi des réparations dues, sous une forme ou sous une autre, aux populations européennes qui avaient tant souffert sous le régime nazi. Ils envisageaient un tribunal international qui déciderait du sort des criminels de guerre en vue de sevrer la population allemande de son attachement au nazisme. Et ils appelaient de leurs vœux la création d'une puissante organisation internationale qui préserverait des droits égaux pour tous les pays. Leur conception d'une nouvelle forme d'État reposait largement sur des idéaux sociaux et chrétiens allemands : ainsi prévoyaient-ils une démocratisation par le bas à travers des communautés autonomes travaillant sur la base de la justice sociale garantie par un État central qui était à peine plus qu'une organisation chapeautant les intérêts locaux et particuliers au sein d'une structure fédérale.

Toutes ces idées étaient inévitablement utopiques. Le « cercle de Kreisau » n'avait pas d'armes pour les appuyer ni le moindre accès à Hitler. Il fallait que l'armée se décidât à agir. Moltke, qui réprouvait l'assassinat, et Yorck, tout spécialement, prônèrent à diverses reprises un coup d'État pour déloger Hitler. En 1943, la méfiance de Moltke à l'égard des chefs militaires allemands du fait de leur complicité dans tant de barbaries nazies le conduisit à recommander un gouvernement allemand d'opposition soutenu par l'armée américaine. Les Alliés parachuteraient des troupes dans les villes allemandes pour épauler le coup d'État.

Cet espoir illusoire continuait de laisser hors de l'équation le point de départ : comment écarter Hitler ? Et qui devait s'en charger ? Plutôt que les visions utopistes du futur ordre social et politique, telle était la première urgence qui ne laissait pas de préoccuper Tresckow et ses camarades officiers engagés dans l'opposition. Loin de s'arranger, le problème devint plus difficile encore au cours de l'été et de l'automne 1943. Leur espoir était de convaincre Erich von Manstein, chef d'état-major du groupe A de l'armée de terre, de s'engager dans l'opposition ; cet espoir fut totalement anéanti au cours de l'été. « Les feld-maréchaux prussiens ne se mutinent pas », répondit-il d'une formule lapidaire aux coups de sonde de Gersdorff. Au moins Manstein avait-il le mérite de la sincérité et de la franchise. Kluge, en revanche, souffla le chaud et le froid, commençant par apporter son appui à Tresckow et à Gersdorff avant de le retirer. Il n'y avait rien à attendre de ce côté-là, même si les membres de l'opposition conservèrent l'illusion que Kluge était au fond de leur côté.

Il y eut d'autres revers. Beck tomba gravement malade. Et Fritz-Dietlof Graf von der Schulenburg

– ce juriste de formation avait d'abord eu des sympathies pour le nazisme et occupé diverses positions administratives haut placées au sein du régime, puis il était devenu l'agent de liaison entre l'opposition militaire et civile – fut soumis à des interrogatoires, puis relâché. On le soupçonnait d'être impliqué dans des projets de coup d'État. D'autres, dont Dietrich Bonhoeffer, furent également arrêtés, tandis que les tentacules de la Gestapo menacèrent les figures de proue de la résistance. Pis encore : Hans von Dohnanyi et Hans Oster, de l'Abwehr, furent arrêtés en avril 1943, au départ pour de prétendues opérations irrégulières sur des devises étrangères, bien que cela fît naître alors des soupçons sur leur implication dans l'opposition politique. Le chef de l'Abwehr, l'amiral Wilhelm Canaris, rompu aux manœuvres de dissimulation, réussit pendant un temps à égarer les agents de la Gestapo. En tant que centre de la conjuration, cependant, l'Abwehr n'était plus tenable. En février 1944, son département étranger, qu'Oster avait dirigé, fut intégré à la direction centrale de la Sûreté du Reich, et Canaris, si douteux fût-il aux yeux de l'opposition, fut à son tour placé en résidence surveillée.

Profitant de ses permissions à Berlin, Tresckow ne se lassait pas de relancer des plans d'action contre Hitler. En octobre, il fut affecté à la tête d'un régiment sur le front, loin de sa position jusque-là influente au QG du groupe d'armées centre. À la même époque, Kluge fut blessé dans un accident de la route et remplacé par le feld-maréchal Ernst Busch, partisan déclaré de Hitler, au point que toute tentative d'assassinat de ce côté-là pouvait désormais être exclue. Sur ce, Olbricht reprit l'idée, précédemment évoquée mais jamais sérieusement envisagée, de déloger Hitler et de fomenter un coup d'État, non pas depuis l'armée du front, mais depuis le QG de l'armée de réserve, à Berlin. Trouver un assassin qui eût accès à Hitler avait été un gros problème. On en avait maintenant un sous la main.

3

L'attentat

Claus Schenk Graf von Stauffenberg était issu d'une famille aristocratique de Souabe. Né en 1907, ce dernier d'une fratrie de trois grandit sous l'influence du catholicisme – bien que sa famille ne fût pas pratiquante – et du mouvement de la jeunesse. Il fut particulièrement attiré par les idées du poète Stefan George, que portait aux nues un cercle de jeunes admirateurs sensibles étrangement captivés par son vague mysticisme culturel néoconservateur, qui fuyait l'existence stérile de la bourgeoisie pour former une nouvelle élite faite d'esthétisme aristocratique, de piété et de virilité. Comme nombre de jeunes officiers, Stauffenberg avait d'abord été séduit par certains aspects du nazisme, notamment par l'insistance sur la valeur de forces armées puissantes et sur la politique extérieure contre le traité de Versailles. En revanche, il rejetait son antisémitisme racial et s'était montré de plus en plus critique à l'égard de Hitler et de son bellicisme. Lorsqu'il avait servi en Pologne, cependant, il n'avait pas caché son mépris pour les Polonais et avait approuvé la colonisation du pays tout en s'enthousiasmant pour la victoire de l'Allemagne. Il se réjouit davantage encore après les succès stupéfiants de la campagne de l'ouest et laissa entendre qu'il avait changé d'avis sur Hitler.

Il n'en était pas moins consterné par la barbarie du régime. Et à la fin du printemps 1942, lorsqu'il se retourna définitivement contre Hitler, ce fut sous l'influence de rapports de témoins incontestables des massacres des Juifs ukrainiens par les SS. Découvrant ces carnages, Stauffenberg en conclut qu'il fallait éliminer Hitler. Comme le firent valoir quelques-uns de ses détracteurs, c'est un peu tardivement qu'il finit par se laisser convaincre de rejoindre les conjurés. Alors qu'il servait en Afrique du Nord, dans la 10e division de panzers, il fut grièvement blessé en avril 1943 et perdit l'œil droit, la main droite et deux doigts de la main gauche. Peu après sa sortie de l'hôpital, en août, alors qu'il parlait à Friedrich Olbricht d'un nouveau poste de chef d'état-major au bureau général de la guerre de Berlin, on lui demanda timidement de rallier la résistance. Sa réponse ne faisait guère de doute. Il en était déjà arrivé à la conclusion que la seule solution était de tuer Hitler.

Début septembre, Stauffenberg avait été présenté aux principaux animateurs de l'opposition. Pour autant qu'on puisse le déduire, son attitude politique, à compter du jour où il rejoignit la résistance, n'avait pas grand-chose à voir, sinon rien, avec celle des nationaux conservateurs – il avait presque du dédain pour les vues de Goerdeler – et était désormais plus proche de celles du « cercle de Kreisau ». À la différence de Tresckow, cependant, Stauffenberg était un homme d'action, un organisateur plus qu'un théoricien. Au cours de l'automne 1943, les deux hommes réfléchirent à la meilleure manière d'assassiner Hitler et à la question, distincte mais liée, d'organiser le coup d'État qui devait suivre. Pour prendre le contrôle de l'État, ils en arrivèrent à l'idée de remanier un plan opérationnel, connu sous le nom de code de « Walkyrie », déjà mis au point par Olbricht et approuvé par Hitler, en vue de mobiliser l'armée de réserve en Allemagne dans l'éventualité de graves troubles intérieurs. Le plan refondu commençait par dénoncer non pas les « subversifs » antinazis, mais les putschistes *au sein* même du parti nazi : une « clique sans scrupules de chefs du parti non-combattants » qui « a essayé d'exploiter la situation pour donner un coup de poignard dans le dos au front profondément engagé et de s'emparer du pouvoir à des fins intéressées ». Aussi était-il nécessaire de proclamer la loi martiale. Le but de « Walkyrie » avait été de protéger le régime : il s'agissait maintenant d'une stratégie pour l'éliminer.

Le déclenchement de « Walkyrie » posait deux problèmes. Le premier était que l'ordre devait venir du chef de l'armée de réserve. Il s'agissait du général Erich Fromm, né en 1888 dans une famille protestante avec de fortes traditions militaires. Grand, de tempérament réservé, il était très attaché à l'armée dans laquelle il voyait le garant du statut de puissance mondiale de l'Allemagne. Sans être un farouche partisan de Hitler, Fromm était soucieux de ménager la chèvre et le chou et ne voulait pas s'engager. Prudent, il désirait ne se fermer aucune option et soutiendrait la partie qui l'emporterait : le régime ou les putschistes (une stratégie qui devait se retourner contre lui). L'autre problème était toujours celui de l'accès à Hitler. Tresckow en était arrivé à la conclusion que seule une tentative d'assassinat au QG du Führer pourrait contourner l'obstacle de l'imprévisibilité de son emploi du temps et des mesures de sécurité très strictes qui l'entouraient. La difficulté était de trouver un homme prêt à perpétrer l'attentat et qui eût des raisons d'être dans le proche entourage de Hitler à son QG.

Stauffenberg, qui avait donné un nouvel élan aux ardeurs fléchissantes de l'opposition, voulait frapper contre Hitler à la mi-novembre. Mais qui s'en chargerait ? Approché par Stauffenberg en octobre 1943, le colonel Stieff refusa. Il fallut différer la tentative. Le colonel Joachim Meichssner de l'état-major opérationnel de la Wehrmacht fut à son tour sollicité au printemps 1944 mais refusa lui aussi. Entre-temps, Stauffenberg avait été présenté au capitaine Axel Freiherr von dem Bussche, auquel son courage sur le terrain avait valu, entre autres décorations, la Croix de fer de première classe. La vue du massacre de plusieurs milliers de Juifs en Ukraine, au mois d'octobre 1942, l'avait marqué durablement et ouvert à l'idée de se débarrasser de Hitler et de son régime. Sollicité par Stauffenberg, il se dit prêt à sacrifier sa vie en lançant une grenade dégoupillée sur le Führer lorsqu'il visiterait une exposition de nouveaux uniformes.

La malchance continua de poursuivre ces plans. En décembre 1943, une exposition de ce genre dut être annulée lorsque le train qui transportait les uniformes fut touché par un raid aérien et son contenu détruit. Avant qu'on pût le rappeler pour une nouvelle tentative, Bussche fut grièvement blessé sur le front est en janvier 1944 et perdit une jambe. Stauffenberg dut chercher quelqu'un d'autre pour accomplir ses plans.

Le lieutenant Ewald Heinrich von Kleist, fils d'un propriétaire foncier prussien hostile à Hitler depuis longtemps, se dit alors prêt à le remplacer. Tout fut organisé en vue de la visite d'une autre exposition d'uniformes par Hitler, à la mi-février. Mais l'exposition fut une fois encore annulée.

Une autre opportunité se présenta lorsque le Rittmeister (capitaine de cavalerie) Eberhard von

Breitenbuch, ordonnance du feld-maréchal Busch (successeur de Kluge au poste de commandant en chef du groupe d'armées centre) et déjà initié aux plans pour éliminer Hitler, eut l'occasion d'accompagner Busch lors d'un briefing militaire au Berghof, le 11 mars 1944. Breitenbuch était hésitant à l'idée d'employer une bombe, mais s'était dit prêt à tirer une balle dans la tête du dictateur. Son Browning était dans la poche de son pantalon. Il était prêt à tirer dès qu'il serait auprès de Hitler. Mais cette fois-ci, les ordonnances ne furent pas autorisées à participer au briefing. Une fois encore, la chance fut du côté de Hitler.

Stauffenberg lui-même commença à se décourager, d'autant que les Alliés s'étaient solidement implantés sur le sol français. La Gestapo avait eu vent de l'opposition : l'arrestation d'un certain nombre de chefs de file du mouvement souligna que le danger s'accroissait. Ne valait-il pas mieux attendre maintenant l'inévitable défaite ? Un attentat réussi contre Hitler serait-il autre chose qu'un geste largement gratuit ? Tresckow répondit qu'il était vital que le coup d'État ait lieu, que le monde extérieur sache qu'il existait un mouvement allemand de résistance prêt à sacrifier la vie de ses membres pour renverser un régime aussi épouvantable.

Une dernière occasion se présenta. Le 1er juillet 1944, Stauffenberg, qui avait été promu colonel, fut nommé chef d'état-major de Fromm, en fait son adjoint. Cela lui offrit ce qui avait manqué jusqu'ici : l'accès à Hitler lors des briefings militaires consacrés à l'armée intérieure. Il n'avait plus besoin de chercher quelqu'un pour accomplir l'assassinat. Il pourrait le faire lui-même. Il apparut plus clairement que jamais que c'était la seule solution lorsque Stieff repoussa une seconde fois la sollicitation de Stauffenberg pour tuer Hitler lors de l'exposition d'uniformes, qui finit par se tenir au château de Klessheim, près de Salzbourg, le 7 juillet.

Que Stauffenberg jouât le rôle de l'assassin créait cependant une nouvelle difficulté : sa présence était en même temps nécessaire à Berlin pour organiser le coup d'État depuis le siège de l'armée de réserve. Ce double rôle ne faisait qu'augmenter les risques d'échec. C'était loin d'être idéal, mais la chose était à tenter.

Le 6 juillet, en sa qualité de chef d'état-major de Fromm, Stauffenberg assista pour la première fois à des briefings de deux heures au Berghof. Il avait des explosifs avec lui. Mais il semble qu'aucune occasion appropriée ne se soit présentée. En tout état de cause, il ne fit alors aucune tentative. Impatient d'agir, Stauffenberg résolut d'essayer lors de sa prochaine visite au Berghof, cinq jours plus tard. Mais l'absence de Himmler, que les conjurés voulaient éliminer en même temps que Hitler, le dissuada. Une fois encore, il ne se passa rien. Le 15 juillet, de retour au QG de Hitler alors rapatrié en Prusse-Orientale, que l'on appelait la « Tanière du Loup », Stauffenberg était bien décidé à agir. De nouveau, rien. Probablement, semble-t-il, n'avait-il pu installer l'explosif à temps pour le premier des trois briefings de l'après-midi. Pendant le deuxième court briefing, il téléphona à Berlin pour s'assurer qu'il devait bien tenter l'opération en l'absence de Himmler. Et au cours du troisième briefing, il devait lui-même intervenir, ce qui le privait de toute possibilité d'amorcer la bombe et de réaliser l'attentat. Cette fois-ci, Olbricht avait même donné l'ordre de l'opération « Walkyrie », qu'il fallut ensuite présenter comme un exercice d'alarme. L'erreur ne pouvait être répétée. La prochaine fois, l'ordre ne pourrait être donné avant la tentative d'assassinat. Il faudrait attendre la confirmation par Stauffenberg que Hitler était bien mort. Après avoir manqué l'occasion du 15 – c'était la troisième fois qu'il avait pris de tels risques, en vain –, Stauffenberg se prépara à ce qui serait sa dernière tentative, ainsi qu'il le confia aux conjurés réunis dans sa maison berlinoise du Wannsee, dans la soirée du 16 juillet. L'attentat aurait lieu lors de sa prochaine visite à la « Tanière », au briefing prévu pour le 20 juillet.

Deux heures après avoir quitté Berlin, Stauffenberg et son aide de camp, le lieutenant Werner von Haeften, atterrirent à Rastenburg le 20 juillet à 10 h 15. Stauffenberg fut aussitôt conduit à la « Tanière », à quelque six kilomètres de là. Haeften accompagna le général de division Stieff, qui avait pris le même avion, au commandement suprême de l'armée de terre, avant de regagner le QG de Hitler. À 11 h 30, Stauffenberg participa à un pré-briefing dirigé par Wilhelm Keitel, le commandant suprême des forces armées, qui dura trois quarts d'heure. Le temps pressait puisque le briefing de Hitler devait avoir lieu une demi-heure plus tôt que d'habitude, à 12 h 30 : le Führer attendait en effet la visite de Mussolini dans l'après-midi.

Sitôt terminée la réunion avec Keitel, Stauffenberg demanda où il pouvait se rafraîchir et changer de chemise. Il faisait chaud et sa demande n'avait rien de bien remarquable. Mais il devait faire vite. Haeften, qui portait la serviette contenant la bombe, le rejoignit dans le couloir. Une fois dans les toilettes, ils s'empressèrent de placer les détonateurs à retardement sur les deux engins explosifs qu'ils avaient apportés, d'un kilo chacun, avant de les remettre dans la serviette de Stauffenberg. Celui-ci régla la première charge. Passé un quart d'heure, la bombe pourrait partir à tout moment, compte tenu de la chaleur et du manque d'air, et au plus tard une demi-heure après. À l'extérieur, Keitel s'impatientait. À cet instant précis, un coup de fil arriva du général Erich Fellgiebel, chef des communications au commandement suprême de la Wehrmacht et chargé, dans le complot, de bloquer toutes les communications autour du QG à la suite de l'attentat. C'est l'aide de camp de Keitel, le commandant Ernst John von Freyend qui prit l'appel. Fellgiebel voulait parler à Stauffenberg et demanda à ce qu'il le rappelât. Le temps manquait. Freyend envoya l'adjudant-chef Werner Vogel prévenir Stauffenberg du message et le prier de se dépêcher. Vogel surprit Stauffenberg et Haeften en pleine activité. Invité à se hâter, Stauffenberg répondit brusquement qu'il arrivait. Sur ce, Freyend lui cria de venir tout de suite. Vogel attendait devant la porte. Stauffenberg referma précipitamment sa serviette. Il n'eut aucune possibilité d'amorcer le deuxième engin explosif que Haeften et lui avaient apporté. Haeften le fourra dans sa sacoche avec divers papiers. Ce fut un moment décisif. Si ce second engin, même dépourvu de sa charge, avait été placé dans la serviette de Stauffenberg avec le premier, il serait parti avec l'explosion, dont l'effet eût été plus que doublé. Dans ce cas, il n'y aurait très certainement eu aucun survivant.

Le briefing avait lieu, comme d'habitude, dans la baraque en bois protégée par la haute clôture du périmètre étroitement surveillé de la « Tanière du Loup ». Il avait déjà commencé lorsque Stauffenberg y fut introduit. Assis au centre de la table, au plus près de la porte, face aux fenêtres, Hitler écoutait le général de division Adolf Heusinger, chef des opérations au QG de l'état-major général, décrire la dégradation rapide de la situation sur le front est. D'un air absent, Hitler serra la main de Stauffenberg, lorsque Keitel le lui présenta, puis en revint au rapport de Heusinger. Stauffenberg avait demandé une place le plus près possible du Führer. Sa déficience auditive ainsi que la nécessité d'avoir ses documents à portée de main quand il parlerait de la création d'un certain nombre de divisions à partir de l'armée de réserve afin d'aider à bloquer la percée soviétique en Pologne et en Prusse-Orientale lui fournissaient un bon prétexte. On lui trouva une place à la droite de Hitler, en bout de table. Freyend, qui avait porté la serviette de Stauffenberg dans la pièce, la déposa sous la table, devant le pied droit massif.

À peine était-il arrivé que Stauffenberg invoqua un prétexte pour se retirer. Son manège ne devait pas attirer particulièrement l'attention. Au cours des conférences quotidiennes, les allées et venues étaient nombreuses. Les appels téléphoniques importants ou l'obligation de s'absenter momentanément n'étaient pas rares. Stauffenberg laissa son képi et sa ceinture derrière lui pour faire croire qu'il reviendrait. Sitôt dehors, il pria Freyend de lui obtenir la communication avec le général Fellgiebel. Mais dès que Freyend eut regagné le briefing, Stauffenberg raccrocha et se précipita au bâtiment des aides de camp de la Wehrmacht, où il retrouva Haeften et Fellgiebel. Le lieutenant Ludolf Gerhard Sander, officier de communications dans le service de Fellgiebel, était également présent. Entre-temps, l'absence de Stauffenberg au briefing avait été remarquée ; on avait eu besoin de lui pour préciser un point au cours de l'exposé de Heusinger. Mais personne ne se doutait de rien. Au centre des aides de camp, Stauffenberg et Haeften prenaient en toute hâte leurs dispositions concernant la voiture qui devait les ramener à toute vitesse au terrain d'aviation lorsqu'on entendit une explosion assourdissante du côté des baraques. Fellgiebel lança à Stauffenberg un regard alarmé. Celui-ci haussa les épaules. Sander ne semblait pas surpris. Autour du complexe, il arrivait souvent que des animaux sauvages fissent sauter des mines. Il était à peu près 12 h 45.

Stauffenberg et Haeften partirent pour le terrain d'aviation dans leur voiture avec chauffeur aussi rapidement qu'il était possible sans éveiller les soupçons. Quand Stauffenberg parvint à circonvenir les gardes du périmètre intérieur, l'alerte n'avait pas encore été donnée. En revanche, il eut le plus grand mal à sortir du périmètre extérieur. La sirène d'alarme avait alors retenti. Il lui fallut téléphoner à un officier, le Rittmeister Leonhard von Möllendorf, qui le connaissait et qui voulut bien autoriser son passage. Une fois dehors, la voiture fonça en direction de l'aéroport en négociant les tournants sur les chapeaux de roues. Sur la route, Haeften jeta un paquet contenant le second explosif. Le chauffeur les déposa à une centaine de mètres de l'avion qui les attendait et rentra aussitôt. À 13 h 15, ils étaient en route pour Berlin, fermement convaincus que nul n'avait pu survivre à l'explosion, que Hitler était mort. La bombe eût-elle été placée dans un bunker de béton, au lieu de ces cabanes de bois où se tenaient régulièrement les conférences en début d'après-midi, ils auraient eu raison.

Lorsque la bombe avait sauté, avec une flamme bleue et jaune et une explosion à déchirer le tympan, Hitler était penché au-dessus de la table de chêne massif. Le coude sur la table, le menton dans la main, il étudiait sur une carte des positions de reconnaissance aérienne. Les fenêtres et les portes furent soufflées. Des nuages de fumée épaisse s'élevèrent en tourbillonnant. Des éclats de verre, des bouts de bois et une pluie de paperasses et de débris divers volèrent en tous sens. Le feu se mit à dévorer les ruines de la baraque détruite. Pendant un temps, régna un désordre indescriptible. Au moment de l'explosion, vingt-quatre personnes se trouvaient là. Certains furent plaqués au sol ou projetés de l'autre côté de la pièce. D'autres se retrouvèrent avec les cheveux ou les habits en feu. Des formes humaines se déplaçaient en trébuchant, commotionnées, à demi aveuglées, les tympans déchirés. Au milieu des débris et de la fumée, elles cherchaient désespérément à s'extraire de la cabane. Les moins chanceux gisaient parmi les décombres, certains très grièvement blessés.

Onze des blessés les plus graves furent transportés d'urgence jusqu'à un hôpital de campagne, à un peu plus de trois kilomètres de là. Le sténographe, le Dr Heinrich Berger, exposé de plein fouet, eut les deux jambes arrachées et mourut dans l'après-midi. Le colonel Heinz Brandt, bras droit de Heusinger (et, ainsi qu'il apparut, lié à la conspiration), perdit une jambe et mourut le lendemain, de même que le général Günther Korten, chef d'état-major de la Luftwaffe, « poignardé » par un éclat de bois. L'aide de camp de Hitler pour la Wehrmacht, le général de division Rudolf Schmundt, perdit un œil et une jambe et fut gravement brûlé au visage. Il devait finir par succomber à l'hôpital quelques semaines plus tard. Parmi les personnes présentes, Keitel et Hitler furent les seuls à ne pas être commotionnés ; et Keitel fut le seul à ne pas avoir les tympans déchirés.

Hitler s'en était remarquablement bien tiré. Il n'avait que des blessures superficielles. Après le choc initial de l'explosion, il s'assura qu'il était indemne et pouvait bouger. Puis il se dirigea vers la porte à travers les décombres tout en s'efforçant d'éteindre son pantalon en feu et en rejetant en arrière sa chevelure roussie. Comme il sortait, il se heurta à un Keitel larmoyant, qui le serra dans ses bras en s'écriant : « Mon Führer, vous êtes vivant, vous êtes vivant ! » Keitel aida Hitler à sortir des ruines. La veste de son uniforme était déchirée, son pantalon noir et ses longs sous-vêtements blancs en lambeaux. Mais il marchait sans difficulté et regagna aussitôt son bunker. Le Dr Morell fut appelé d'urgence. Hitler avait le bras droit enflé et endolori au point qu'il pouvait à peine le lever ; il avait des tuméfactions et des écorchures au bras gauche, des brûlures et des cloques aux mains et aux jambes (également pleines d'éclats de bois) ainsi que des coupures au front. Mais, en dehors de ses tympans déchirés, il n'avait pas de blessure plus grave. Lorsque, pris de panique, Linge, son valet de chambre, accourut, Hitler était calme et arborait un sourire sardonique : « Linge, quelqu'un a essayé de me tuer. »

Below, son aide de camp pour la Luftwaffe, s'en était tiré avec des blessures relativement légères. Malgré le choc et les bris de verre qui lui avaient lacéré le visage, il avait eu assez de sang-froid pour se précipiter au centre de transmissions, où il demanda que fussent bloquées toutes les communications, en dehors de celles de Hitler, de Keitel et de Jodl. En même temps, il fit appeler Himmler et Göring pour leur demander de rejoindre le bunker de Hitler où il se rendit à son tour. Hitler était assis dans son bureau, l'air visiblement soulagé, tout disposé à faire voir ses habits en lambeaux – apparemment avec un soupçon de fierté. Déjà, il se demandait qui était derrière la tentative d'assassinat. Selon Below, il rejeta l'idée (à laquelle il semble que l'on ait cru dans un premier temps) que la bombe avait été placée par des ouvriers qui se trouvaient temporairement à son QG afin d'en renforcer l'enceinte contre les raids aériens. À ce moment-là, les soupçons s'étaient inéluctablement reportés sur Stauffenberg, qui avait disparu de la circulation. On se mit à sa recherche vers 14 heures, lorsque commença l'enquête sur la tentative d'assassinat, mais on n'avait pas encore compris que l'attentat devait être le signal d'un soulèvement général contre le régime. La rage de Hitler qui s'était toujours méfié des chefs de l'armée de terre montait de minute en minute. Sa vengeance serait terrible contre ceux qui, à l'heure de la crise, poignardaient le Reich dans le dos.

4

« Le Führer est en vie ! »

À cette heure, Stauffenberg approchait de Berlin. Les conjurés attendaient impatiemment son retour, ou des nouvelles de lui, ne sachant toujours pas s'ils devaient lancer l'« opération Walkyrie ». Le message que Fellgiebel avait réussi à faire passer, dès avant que Stauffenberg n'eût décollé de Rastenburg, au général de division Fritz Thiele, chef des communications à l'OKH, était moins clair qu'il ne pensait. Il s'était passé quelque chose de terrible : le Führer était toujours en vie. C'était tout. Il n'y avait pas le moindre détail. On ne savait pas très bien si la bombe avait explosé, si Stauffenberg avait été empêché (comme quelques jours auparavant) d'accomplir l'attaque, s'il avait été arrêté ni même s'il vivait encore. D'autres messages filtrèrent, indiquant qu'il s'était certainement passé quelque chose à la « Tanière », mais que Hitler avait survécu. Fallait-il encore lancer « Walkyrie » ? Aucun plan d'urgence n'avait été établi pour accomplir un coup d'État si Hitler était encore en vie. Et sans avoir confirmation de la mort de Hitler, Fromm, en sa qualité de commandant de l'armée de réserve, n'allait certainement pas approuver le coup d'État. Olbricht en conclut que passer à l'action avant d'avoir des nouvelles définitives serait conduire toutes les personnes concernées à la catastrophe. Un temps précieux fut ainsi perdu. L'un des conjurés, Hans Bernd Gisevius, lié à l'opposition depuis 1938, était à l'époque agent de l'Abwehr en Suisse et venait juste de rentrer en Allemagne. Par la suite, il ne devait pas trouver de mots assez durs pour dénoncer l'incompétence d'Olbricht. « Sans chef et sans cervelle », devait-il lâcher pour qualifier le groupe qui attendait le retour de Stauffenberg au Bendlerblock, le quartier général du commandement de la Wehrmacht, situé dans la Bendlerstrasse. En attendant, les communications depuis la « Tanière » n'avaient pu être bloquées que temporairement. Peu après 16 heures, avant qu'un coup d'État ait pu être lancé, les lignes avaient été rouvertes.

Stauffenberg arriva à Berlin entre 14 h 45 et 15 h 15. Aucune voiture ne vint à sa rencontre. Son chauffeur l'attendait à l'aérodrome de Rangsdorf alors que son avion s'était posé au Tempelhof (ou sur un autre aérodrome de Berlin, ce détail n'est pas parfaitement clair). Exaspéré, il dut appeler une voiture par téléphone pour se faire conduire avec Haeften à la Bendlerstrasse. Nouveau retard. En cette phase critique, Stauffenberg n'atteignit le QG des conjurés, où la tension était à son comble, que vers 16 h 30. Entre-temps, Haeften avait téléphoné de l'aérodrome à la Bendlerstrasse. Il déclara que Hitler était mort. Les conjurés entendaient ce message pour la première fois. Stauffenberg le répéta lorsqu'il arriva à la Bendlerstrasse accompagné de Haeften. Il se trouvait à l'extérieur avec le général Fellgiebel et il avait vu arriver les premiers secours et les véhicules d'urgence. Personne n'avait pu survivre à une explosion pareille, conclut-il. Si convaincant que fût ce message pour ceux qui voulaient y croire, un personnage clé, le général Fromm, savait à quoi s'en tenir. Il s'était entretenu avec Keitel vers 16 heures et avait appris que le Führer ne souffrait que de blessures superficielles. Cela étant, Keitel avait demandé où avait bien pu passer le colonel Stauffenberg.

Lorsque Olbricht lui demanda de signer l'ordre de « Walkyrie », Fromm refusa catégoriquement. Sans attendre le retour d'Olbricht, venu leur annoncer le refus de Fromm, son chef d'état-major impatient, le colonel Mertz von Quirnheim, vieil ami de Stauffenberg et de longue date associé au complot, avait déjà lancé l'action en adressant aux commandants militaires régionaux un message câblé qui commençait par ces mots : « Le Führer, Adolf Hitler, est mort. » Quand Fromm voulut faire arrêter Mertz, Stauffenberg lui fit savoir que c'était lui, Fromm, qui était en état d'arrestation.

Divers chefs de file de la conjuration avaient alors été contactés et avaient commencé à se réunir à la Bendlerstrasse. Beck était là, qui déjà annonçait qu'il avait repris les rênes de l'État, et que le feld-maréchal Erwin von Witzleben, ancien commandant en chef en France, et impliqué dans le complot depuis longtemps, était le nouveau commandant en chef de l'armée de terre. Congédié par Hitler au début de l'année 1942 avec interdiction de porter l'uniforme, le général Hoepner, censé succéder à Fromm, arriva vers 16 h 30 en costume civil, une mallette à la main : elle contenait son uniforme, qu'il passa à nouveau dans la soirée.

À la Bendlerstrasse, le désordre allait croissant. Comploter un coup d'État dans un État policier n'est pas une mince affaire. Mais, même dans les conditions du moment, tout cela sentait largement son dilettantisme. Trop de paramètres avaient été négligés. On avait trop peu prêté attention à des détails infimes, mais importants, de calendrier, de coordination et, enfin et surtout, de communications. Rien n'avait été fait pour détruire le centre de communications du QG de Hitler ou le mettre durablement hors service. Rien n'avait été prévu pour prendre le contrôle immédiat des stations de radio à Berlin et dans les autres villes. Aucun communiqué ne fut diffusé par les putschistes. Les chefs du parti et des SS ne furent pas arrêtés. Goebbels lui-même, le maître de la propagande, resta libre de donner de la voix. Trop de conjurés étaient occupés à donner des ordres ou à les exécuter. Il y eut trop d'incertitude, et trop d'hésitation. On avait tout fondé sur l'assassinat de Hitler. On avait tenu pour acquis que si Stauffenberg parvenait à faire exploser sa bombe, c'en serait fini de Hitler. Sitôt que cette prémisse fut contestée, puis infirmée, le coup d'État improvisé ne tarda pas à s'effondrer. En l'absence de confirmation de la disparition du Führer, l'élément crucial fut qu'il y avait trop de loyalistes, trop d'hésitants, trop de gens qui avaient beaucoup à perdre en prenant le parti des conjurés.

Stauffenberg avait beau protester que Hitler était mort, les dépêches affluaient qui semblaient indiquer qu'il était indemne. Quelle que soit la vérité, déclara Beck, « pour moi cet homme est mort ». Toutes ses actions ultérieures allaient être dictées par cette conviction. Pour la réussite du complot, cependant, ce n'était guère suffisant. En milieu de soirée, il était de plus en plus clair pour les insurgés que leur coup était un fiasco irréparable. « Quel beau gâchis », avait marmonné le feld-maréchal Witzleben à Stauffenberg en arrivant à la Bendlerstrasse autour de 20 heures.

Au QG de Hitler, il apparut vite que la tentative d'assassinat était le signal d'une insurrection militaire et politique contre le régime. En milieu d'après-midi, Hitler avait confié le commandement de l'armée de réserve à Himmler. Keitel avait informé les districts militaires de l'attentat contre le Führer, mais il avait ajouté qu'il vivait encore et qu'il ne fallait en aucun cas obéir aux ordres des conjurés. On pouvait trouver des loyalistes jusqu'à la Bendlerstrasse, le siège du soulèvement. L'officier de communications y reçut lui aussi l'ordre de Keitel. Dans la soirée, alors que la situation des conjurés devenait de plus en plus désespérée, il signalait que les ordres qu'il lui fallait transmettre en leur nom n'étaient pas valables. Entre-temps, les aides de camp de Fromm s'employaient à répandre la nouvelle, dans le bâtiment, que Hitler était toujours en vie et à rassembler un certain nombre d'officiers prêts à défier les conjurés, dont les partisans déjà peu nombreux et hésitants, à l'intérieur de la Bendlerstrasse comme à l'extérieur, diminuaient maintenant à vue d'œil. Dès que la nouvelle fut confirmée de la survie de Hitler, le nombre d'unités soutenant le coup d'État se réduisit.

Tel fut aussi le cas à Paris. Le commandant militaire, le général Karl Heinrich von Stülpnagel, et ses officiers subalternes avaient fermement soutenu les insurgés. Mais le commandant suprême du front ouest, le feld-maréchal von Kluge, hésitait comme toujours. L'appelant depuis Berlin, Beck tenta vainement de le persuader de se rallier au soulèvement. « Kluge, dit Beck à Gisevius en raccrochant le récepteur. C'est là qu'il vous attend ! » Sitôt qu'il eut appris l'échec de la tentative d'assassinat, Kluge contra les ordres de Stülpnagel, qui avait demandé de faire arrêter tous les membres des SS, de la Sûreté et de la Gestapo à Paris, limogea le général, dénonça ses actions à Keitel et félicita ensuite Hitler d'avoir survécu à une telle trahison.

Dans l'intervalle, l'heure du dénouement était arrivée à Berlin. En fin de matinée, Goebbels avait accueilli Speer au ministère de la Propagande pour un discours sur la situation de l'Allemagne dans le domaine des armements devant un cercle de ministres, de hauts fonctionnaires et d'industriels. Après que Goebbels eut levé la réunion, il avait entraîné Walther Funk et Albert Speer dans son bureau pour y discuter de la mobilisation des dernières ressources en Allemagne. Au milieu de leur discussion, il avait reçu un coup de fil urgent du QG du Führer. Malgré le blocage rapide des communications, une ligne directe était apparemment demeurée ouverte. L'appel venait du chef de presse, Otto Dietrich : on avait attenté à la vie de Hitler. C'était quelques minutes après l'explosion. On avait encore peu de détails, si ce n'est que Hitler était vivant. Apprenant que l'on soupçonnait des ouvriers qui travaillaient là-bas, Goebbels reprocha vivement à Speer de n'avoir pas pris des mesures de sécurité plus strictes.

Au cours du repas, le ministre de la Propagande se montra étonnamment calme et pensif. De manière un peu surprenante, étant donné les circonstances, il se retira ensuite pour sa sieste habituelle. Il fut réveillé entre 14 et 15 heures par le chef de son bureau de presse, Wilfried von Oven, qui venait de recevoir un coup de fil du bras droit de Dietrich, Heinz Lorenz. Tout agité, celui-ci avait dicté un court texte – rédigé, assurait-il, par Hitler lui-même – destiné à être diffusé aussitôt sur les ondes. La sécheresse de la formulation ne plut guère à Goebbels : il y avait peut-être urgence à le diffuser, mais il fallait d'abord s'assurer qu'il fût convenablement rédigé pour la consommation publique. À ce stade, le ministre de la Propagande n'avait visiblement aucune idée de la gravité de la situation ; il ignorait que des officiers étaient impliqués et que le signal du soulèvement avait été donné. Croyant qu'un manquement aux règles de sécurité avait permis à des ouvriers de perpétrer un attentat, il avait su que Hitler était vivant. Et c'était tout. Son comportement après avoir appris la nouvelle, puis au cours de l'après-midi, quand il vaqua à ses affaires courantes et tarda inhabituellement à diffuser le communiqué réclamé d'urgence par le QG de Hitler, n'en est pas moins bizarre. Peut-être avait-il décidé que le moment critique était passé, et que mieux valait attendre d'en savoir plus pour diffuser un communiqué de presse. Plus probablement voulait-il se réserver, ne sachant trop comment les choses allaient tourner.

Après ce long intermède, les nouvelles informations reçues de la « Tanière » l'arrachèrent à son inaction. Il appela Speer et le pria de tout laisser tomber et de le rejoindre de toute urgence chez lui, près de la porte de Brandebourg. Là, il lui confia qu'il avait appris par le QG de Hitler qu'un putsch militaire de grande ampleur était en cours dans l'ensemble du Reich. Speer lui offrit aussitôt ses services pour essayer de déjouer et d'écraser le soulèvement. Quelques minutes plus tard, Speer aperçut des troupes en armes dans la rue. Elles sonnèrent à l'immeuble. Il était autour de 18 h 30. Goebbels jeta un coup d'œil et disparut dans sa chambre pour fourrer dans sa poche une petite boîte de comprimés de cyanure « afin de parer à toute éventualité ». Il s'inquiétait de n'avoir pas réussi à localiser Himmler. Peut-être celui-ci était-il tombé entre les mains des putschistes ? Peut-être même était-il derrière le coup d'État ? Les soupçons allaient bon train. L'élimination d'un personnage aussi important que Goebbels aurait dû être une priorité pour les conjurés. Fait stupéfiant, nul n'avait songé ne serait-ce qu'à couper sa ligne téléphonique. Ce simple détail et le fait que les chefs de file du soulèvement n'eussent pas diffusé de proclamation à la radio persuadèrent le ministre de la Propagande que tout n'était pas perdu quand bien même il avait des échos inquiétants de mouvements de troupes à Berlin.

Le bataillon de gardes entourant la maison de Goebbels était placé sous l'autorité du commandant Otto Ernst Remer, alors âgé de trente-deux ans. Partisan de Hitler jusqu'au fanatisme, il crut au départ à la fiction des conjurés, à savoir qu'ils réprimaient le soulèvement contre le Führer de groupes de SS et de membres du parti en dissidence. Lorsque son supérieur, le général de division Paul von Hase, qui commandait la ville de Berlin, lui ordonna de boucler le quartier du gouvernement, Remer obéit sans broncher. Très vite, cependant, il soupçonna qu'on ne lui avait pas dit la vérité : qu'il ne s'agissait pas de réprimer un putsch de chefs du parti et des SS contre Hitler, mais d'un coup d'État militaire d'officiers rebelles contre le régime. Comme par un fait exprès, dans l'après-midi, le lieutenant Hans Hagen, officier d'instruction national-socialiste chargé d'inculquer aux troupes les principes nazis, avait donné un cours à son bataillon au nom du ministre de la Propagande. Hagen se servit alors de son contact fortuit avec Remer pour contribuer à miner la conjuration contre Hitler. Par l'intermédiaire du Gauleiter adjoint de Berlin, Gerhard Schach, il persuada Goebbels de parler directement à Remer, de le convaincre de ce qui se passait vraiment et de le rallier. Puis, toujours en passant par un intermédiaire, Hagen rechercha Remer, joua sur les doutes qui avaient déjà germé dans son esprit quant à l'action dans laquelle il était engagé et l'invita à passer outre aux ordres de son supérieur pour aller voir Goebbels. À ce stade, Remer se demandait encore si Goebbels n'était pas de mèche avec les auteurs d'un coup de force à l'intérieur du parti contre Hitler. S'il faisait une erreur, cela pouvait lui coûter la tête. Après quelque hésitation, il consentit néanmoins à rencontrer le ministre de la Propagande.

Goebbels lui rappela son serment au Führer. Remer protesta de sa loyauté envers Hitler et le parti, mais ajouta que le Führer était mort. Par voie de conséquence, il devait exécuter les ordres de son commandant, le général de division von Hase. « Le Führer est en vie ! répliqua Goebbels. Je lui ai parlé il y a tout juste quelques minutes. » Incertain, Remer vacillait visiblement. Goebbels lui proposa de le mettre en contact avec Hitler. Il était autour de 19 heures. En quelques minutes, la communication avec la « Tanière du Loup » fut établie. Hitler demanda à Remer s'il reconnaissait sa voix. Tendu et concentré, Remer dit que oui. « Vous m'entendez ? Je suis donc en vie ! La tentative a échoué. Une minuscule clique d'officiers ambitieux a voulu se débarrasser de moi. Mais nous tenons maintenant les saboteurs du front. Nous allons sans tarder expédier ce fléau. Je vous confie personnellement pour mission de rétablir le calme et la sécurité dans la capitale du Reich. À cette fin, vous êtes placé sous mon autorité personnelle jusqu'à l'arrivée du Reichsführer-SS dans la capitale ! » La conviction de Remer était faite. La seule chose que Speer, qui était dans la pièce, put entendre, ce fut : « *Jawohl,* mon Führer... *Jawohl,* à vos ordres, mon Führer. » Remer devint responsable de la sécurité à la place de von Hase. Il devait suivre toutes les instructions de Goebbels.

Remer demanda à Goebbels de s'adresser à ses hommes. Le ministre prit la parole devant le bataillon de gardes rassemblé dans le jardin de sa résidence autour de 20 h 30. Il eut vite fait de les rallier. Près de deux heures auparavant, il avait fait diffuser un communiqué à la radio, expliquant qu'il y avait eu un attentat contre Hitler, mais que le Führer n'avait eu que des égratignures, qu'il avait reçu Mussolini dans l'après-midi et qu'il avait déjà repris le travail. Pour ceux qui hésitaient encore, la nouvelle de la survie de Hitler fut un élément déterminant. Le cordon isolant le quartier du gouvernement fut levé entre 20 et 21 heures. Le bataillon de la garde était maintenant disponible pour d'autres missions : traquer les conjurés dans leur quartier général de la Bendlerstrasse. L'apogée de la conspiration était passé. Le destin des conjurés était scellé.

Avant même d'apprendre par le communiqué de Goebbels que Hitler avait survécu, certains cherchaient déjà à se tirer d'affaire. En milieu de soirée, le groupe des conjurés du Bendlerblock était quasiment tout ce qui restait du soulèvement. Le bataillon de Remer cernait l'édifice. Des unités de panzers fidèles au régime fermaient le centre de Berlin. Les commandants des troupes n'étaient plus disposés à entendre les ordres des conjurés. Au sein même du Bendlerblock, des officiers supérieurs se rebellaient, rappelant aux conspirateurs que le serment qu'ils avaient prêté à Hitler était toujours valable puisque la radio avait annoncé qu'il était toujours en vie.

La cause étant de toute évidence perdue, un groupe d'officiers d'état-major insatisfait par les explications de plus en plus boiteuses d'Olbricht, et quels que fussent les sentiments que leur inspirât Hitler par ailleurs, cherchèrent naturellement à sauver leur peau et se rebellèrent. Peu après 21 heures, ils prirent leurs armes et regagnèrent la pièce où se trouvait Olbricht. Alors que leur porte-parole, le lieutenant-colonel Franz Herber, parlait à Olbricht, des coups de feu retentirent dans le couloir. L'un d'eux blessa Stauffenberg à l'épaule. Il s'ensuivit une brève échauffourée, rien de plus. Herber et ses hommes forcèrent la porte du bureau de Fromm, où le colonel de corps d'armée Hoepner, désigné par les conjurés pour commander l'armée de réserve, Mertz, Beck, Haeften et Stauffenberg s'étaient réunis. Herber demanda à parler à Fromm ; il lui fut répondu qu'il était encore dans son appartement (où il était placé sous bonne garde depuis l'après-midi). L'un des officiers rebelles s'y rendit aussitôt, obtint d'être reçu et expliqua à Fromm ce qui se passait. La garde postée devant la porte de Fromm avait disparu. Libéré, Fromm retourna à son bureau pour affronter les putschistes. Il était autour de 22 heures lorsque sa carrure massive apparut sur le pas de la porte de son bureau. Il lança un regard méprisant aux chefs de l'insurrection, complètement abattus. « Ainsi donc, messieurs, déclara-t-il, je vais maintenant vous faire ce que vous m'avez fait cet après-midi. »

Ainsi que Gisevius l'indiqua plus tard, les conjurés avaient en fait simplement enfermé Fromm chez lui avec des sandwiches et du vin. Fromm était moins naïf. Il lui fallait sauver sa peau. Du moins le pensait-il. Il dit aux putschistes qu'ils étaient en état d'arrestation et exigea qu'ils rendissent toutes leurs armes. Beck demanda à conserver la sienne « pour son usage personnel ». Fromm lui ordonna de s'en servir tout de suite. Beck répondit que, pour l'heure, il pensait aux jours précédents. Fromm le pressa de s'exécuter. Beck pointa l'arme sur sa tempe mais ne réussit qu'à s'égratigner. Fromm accorda aux autres quelques instants s'ils souhaitaient coucher par écrit leurs derniers mots. Hoepner profita de l'occasion et s'assit au bureau d'Olbricht ; ce dernier fit de même. Pendant ce temps, Beck, qui chancelait sous l'effet du coup de feu oblique qu'il s'était tiré dans la tête, refusa de se laisser arracher le pistolet des mains et insista pour qu'on lui permît de recommencer. Là encore, il ne parvint qu'à s'infliger une blessure profonde. Tandis que Beck se contorsionnait sur le sol, Fromm quitta la pièce et apprit qu'une unité de la garde avait investi la cour du Bendlerblock. Il savait aussi que Himmler, le nouveau commandant de l'armée de réserve, était en route. Il n'y avait pas une minute à perdre. Il regagna son bureau au bout de cinq minutes et annonça qu'il avait organisé une cour martiale au nom du Führer. Mertz, Olbricht, Haeften et « ce colonel dont je ne dirai plus le nom » avaient été condamnés à mort. « Prenez quelques hommes et exécutez la sentence tout de suite, en bas, dans la cour », ordonna-t-il à un officier en faction. Stauffenberg essaya de prendre toute la responsabilité sur ses épaules, déclarant que les autres n'avaient fait qu'exécuter ses ordres. Fromm ne dit mot. Les quatre hommes furent conduits au lieu d'exécution. Hoepner, d'abord condamné lui aussi, mais temporairement épargné à la suite d'un entretien privé avec Fromm, fut emmené en captivité. Jetant un coup d'œil sur un Beck moribond, Fromm commanda à l'un des officiers de l'achever. L'ancien chef de l'état-major général fut traîné sans façon dans la pièce voisine et abattu.

Les condamnés furent rapidement escortés jusque dans la cour, où les attendait déjà un peloton de dix hommes choisis dans les rangs de la garde. Pour rendre la scène encore un peu plus macabre, les chauffeurs des véhicules stationnés dans la cour avaient reçu l'ordre de braquer leurs phares sur le petit tas de sable placé près de l'encadrement de porte par lequel sortirent Stauffenberg et ses complices. Sans cérémonie, Olbricht fut placé sur le tas de sable et aussitôt abattu. Le suivant était Stauffenberg. À l'instant où le peloton d'exécution ouvrit le feu, Haeften se jeta devant lui et mourut le premier. Son geste ne devait servir à rien. Stauffenberg fut aussitôt placé contre le tas de sable. Alors que les coups de feu claquaient, on l'entendit s'écrier : « Longue vie à la sainte Allemagne ! » Quelques secondes plus tard, ce fut au tour du dernier des quatre, Mertz von Quirnheim. Entre-temps, Fromm avait fait envoyer un télégramme pour annoncer que le coup d'État avait été écrasé dans le sang et que ses chefs de file avaient été passés par les armes. Puis il adressa un discours véhément aux hommes rassemblés dans la cour, attribuant le miraculeux salut de Hitler à l'œuvre de la Providence et conclut par un triple *Sieg Heil* au Führer.

Alors qu'un camion emportait les corps des officiers exécutés, et la dépouille de Beck, que l'on avait traînée dans la cour, pour les porter en terre – le lendemain, Himmler les fit exhumer pour les incinérer –, les derniers conjurés du Bendlerblock (dont von der Schulenburg, Yorck von Wartenburg et le frère aîné de Stauffenberg, Berthold) furent à leur tour arrêtés. Il était autour de minuit un quart. La dernière tentative pour renverser de l'intérieur Hitler et son régime avait pris fin.

Quelques heures plus tôt, en cette journée du 20 juillet 1944 riche en événements, Hitler, qui venait de regagner son bunker à la suite de l'explosion, avait refusé d'annuler la visite du Duce, prévue pour 14 h 30, mais reculée d'une demi-heure en raison du retard pris par le train de Mussolini. Ce devait être la dix-septième et dernière entrevue entre les deux dictateurs. Ce fut certainement la plus étrange. Il était difficile d'imaginer que Hitler, apparemment calme, venait d'échapper à un attentat. Il salua Mussolini de la main gauche, parce qu'il avait du mal à lever son bras droit blessé. Il raconta à un Duce consterné ce qui venait de se passer, puis l'entraîna jusqu'aux ruines. Dans une scène macabre, au milieu des décombres, juste accompagné de son interprète, Paul Schmidt, Hitler expliqua à son collègue dictateur où il se trouvait, accoudé à la table en train d'étudier la carte, quand la bombe était partie. Il lui montra ses cheveux roussis à l'arrière de son crâne. Hitler s'assit sur une caisse renversée. Schmidt trouva parmi les débris un tabouret encore utilisable pour Mussolini. Pendant quelques instants, aucun des deux dictateurs ne dit le moindre mot. Puis Hitler reprit d'une voix posée : « Quand je repasse tout cela dans ma tête, [...] je conclus de mon salut miraculeux, quand d'autres personnes présentes ont été grièvement blessées, [...] qu'il ne va jamais rien m'arriver. » Il était plus que jamais convaincu, s'empressa-t-il d'ajouter, qu'il lui était donné de conduire leur cause commune jusqu'à son issue victorieuse.

On retrouve le même thème de la Providence qui l'avait sauvé dans son discours, retransmis par toutes les radios, peu après minuit. Il s'était enquis, en milieu d'après-midi, des possibilités d'organiser un discours radiodiffusé. La première heure, lui avait-on répondu, était 18 heures. C'était irréaliste. Il lui fallait encore écrire son discours, et l'après-midi était occupé par la visite de Mussolini. Les dispositions durent être prises pour que le discours fût enregistré et retransmis sur toutes les radios. Il fallut faire venir le matériel de retransmission par la route depuis Königsberg, à quelque soixante-quinze kilomètres de là. Mais l'équipe technique n'était pas disponible ; elle était partie nager dans la Baltique. Il est aussi possible que les diversions de la journée aient fait perdre à Hitler son intérêt pour la chose. Quoi qu'il en soit, il semble avoir une fois de plus réagi aux invites de Goebbels, qui s'employa à le convaincre de la nécessité d'adresser un bref discours aux Allemands. Il était minuit largement passé lorsque son intervention fut diffusée sur les ondes, suivie de discours de Göring et de Dönitz.

Hitler expliqua qu'il s'adressait au peuple allemand pour deux raisons : leur faire entendre sa voix et leur faire savoir qu'il n'était pas blessé et se portait bien ; mais aussi leur parler d'un crime sans précédent dans l'histoire de l'Allemagne : « Une minuscule clique d'officiers stupides, ambitieux, sans scrupules mais aussi criminels, a comploté de m'éliminer en même temps que presque tout l'état-major des forces armées allemandes. » Il fit le parallèle avec le « coup de poignard dans le dos » de 1918. Mais cette fois-ci, la « minuscule bande d'éléments criminels » allait être « éradiquée sans merci ». Par trois fois, il parla de sa survie comme d'un « signe de la Providence qu'il devait continuer [son] travail » et ajouta : « Je vais donc le continuer. »

Comme bien souvent dans sa vie, ce n'était pas la Providence qui l'avait sauvé, mais la chance : la chance du diable.

5

Le châtiment

« Enfin, je tiens les salauds qui sabotaient mon travail depuis des années, lâcha Hitler d'un ton rageur alors que les détails du complot contre lui commençaient à se préciser. Maintenant, j'en ai la preuve : tout l'état-major général est contaminé. » Il avait confirmation de sa méfiance de toujours, profondément enracinée, à l'égard des chefs de l'armée de terre – conséquence inévitable de son empressement à accepter la flagornerie de Keitel qui, à la suite du triomphe de la campagne de France, en 1940, l'avait présenté comme un génie militaire sans pareil, le « plus grand chef de guerre de tous les temps », mais aussi fruit de l'incapacité des généraux, de son point de vue, à obtenir la victoire finale et, depuis le premier hiver russe, à conjurer la série sans fin des défaites. Si ses plans militaires avaient essuyé de tels revers, la raison lui en sautait maintenant aux yeux : ils avaient été sabotés par la traîtrise de ses officiers de l'armée de terre. « Maintenant je sais pourquoi tous mes grands projets de Russie devaient échouer au cours des dernières années, assura-t-il. Tout cela n'était que trahison ! Sans ces traîtres, il y a longtemps que nous aurions gagné. Voici ma justification devant l'Histoire » (signe, aussi, que Hitler pensait à sa place dans le panthéon des héros teutoniques). Goebbels, comme bien souvent, fit écho aux sentiments du Führer. « Les généraux ne sont pas opposés au Führer parce que nous connaissons des crises sur le front, écrivit-il dans son journal. La vérité est plutôt que nous connaissons des crises sur le front parce que les généraux sont opposés au Führer. »

« L'empoisonnement du sang intérieur » était la cause du tout, Hitler en était convaincu. Avec des traîtres aux postes de dirigeants, occupés à détruire le Reich, vitupérait-il, avec l'implication dans la conspiration de personnages aussi cruciaux que le général Eduard Wagner (responsable, en sa qualité d'intendant général, des approvisionnements de l'armée de terre) et le général Erich Fellgiebel (chef des opérations de transmissions au QG du Führer), comment s'étonner que l'Armée rouge ait été informée d'avance de la tactique allemande ? Il y avait eu tout du long une « traîtrise permanente », symptomatique d'une « crise du moral » plus profonde. Il aurait fallu agir plus tôt. Après tout, cela faisait un an et demi qu'on savait qu'il y avait des traîtres dans l'armée. Mais maintenant, il fallait en finir. « Ces créatures, les plus viles de toute l'Histoire qui aient jamais endossé l'uniforme du soldat, cette racaille qui a survécu d'un temps révolu, il faut s'en débarrasser et la chasser. » Le redressement de la situation militaire suivrait le redressement moral. Ce serait le « salut de l'Allemagne ».

Dans l'esprit de Hitler, c'était la vengeance qui dominait. On allait nettoyer les écuries d'Augias sans faire de quartier. L'action serait rapide et implacable. Il allait « extirper et anéantir » toute la bande, promit-il, rageur. À « ces criminels », il n'était pas question d'accorder la mort honorable du soldat par un peloton d'exécution. Ils seraient chassés de la Wehrmacht puis traduits en justice en tant que civils et exécutés dans les deux heures suivant leur condamnation. « Il faut les pendre tout de suite, sans miséricorde », déclara-t-il. Il donna l'ordre de mettre en place une « cour d'honneur » militaire, dans laquelle siégeraient les généraux les plus élevés en grade (entre autres Keitel, Rundstedt – qui en serait le président – et Guderian), pour chasser honteusement tous ceux qui avaient trempé dans le complot. Quant à ceux que le tribunal du peuple condamnerait ensuite à mort, ils seraient pendus en prison habillés comme de vulgaires criminels. Il évoqua en termes élogieux les purges opérées par Staline dans les rangs de ses officiers. « Le Führer est extraordinairement furieux contre les généraux, surtout ceux de l'état-major, nota Goebbels après l'avoir vu le 22 juillet. Il est absolument déterminé à faire un exemple sanglant et à éradiquer une Loge maçonnique qui n'a cessé de s'opposer à nous et qui n'attendait que le moment de nous donner un coup de poignard dans le dos à l'heure la plus critique. Le châtiment qui doit maintenant être administré doit avoir des dimensions historiques. »

Hitler s'était indigné que le général Fromm eût péremptoirement fait exécuter Stauffenberg et les autres chefs de file de la tentative de coup d'État par un peloton d'exécution. Il donna des instructions afin que les autres conjurés capturés fussent cités à comparaître devant le tribunal du peuple, dont le président, Roland Freisler, était un nazi fanatique. Alors que ses sympathies idéologiques de jeunesse allaient à l'extrême gauche, il s'était dévoué depuis le début des années 1920 à la cause *völkisch* et prétendait juger comme le « Führer jugerait lui-même ». De son point de vue, le tribunal du peuple était expressément un « tribunal politique ». Sous sa présidence, le nombre de condamnations à mort était passé de cent deux en 1941 à deux mille quatre-vingt-dix-sept en 1944. Qu'il eût déjà acquis la réputation de « juge sanguinaire » n'avait rien d'étonnant. Récapitulant les commentaires de Hitler lors de leur récente entrevue, Goebbels observa que les personnes impliquées dans le complot devaient être traduites devant le tribunal du peuple et « condamnées à mort ». Freisler « saurait trouver le ton juste pour s'en occuper ». Peut-être parce qu'il se souvenait de la clémence du tribunal de Munich qui, en 1924, à la suite de sa tentative de putsch, lui avait permis de transformer son procès en triomphe personnel en termes de propagande, Hitler était par-dessus tout soucieux qu'on ne laissât pas aux conjurés « le temps de prononcer de longs discours » pour se défendre. « Mais Freisler y veillera. C'est notre Vychinski », ajouta-t-il dans une allusion au sinistre procureur de Staline lors des grands procès des années 1930.

Goebbels n'eut aucun mal à persuader Hitler que Fromm, le supérieur direct de Stauffenberg, n'avait agi aussi rapidement que pour essayer de masquer sa complicité. De fait, dans la circulaire qu'il avait adressée aux Gauleiter le 20 juillet en milieu de soirée, Martin Bormann avait déjà mis son nom sur la liste des personnes à arrêter comme membres de la « bande réactionnaire de criminels » qui se trouvait derrière la conspiration. Après l'écrasement du soulèvement au Bendlerblock puis l'exécution rapide de Stauffenberg, d'Olbricht, de Haeften et de Mertz von Quirnheim, Fromm s'était rendu au ministère de la Propagande et avait demandé à s'entretenir au téléphone avec Hitler. Au lieu de lui passer la communication, Goebbels l'avait fait asseoir dans une autre pièce pendant qu'il téléphonait lui-même au QG du Führer. Il eut sans tarder la décision qu'il souhaitait. Aussitôt, il fit placer sous bonne garde l'ancien commandant en chef de l'armée de réserve. Après plusieurs mois de prison et une parodie de procès devant le tribunal du peuple, Fromm avait été reconnu coupable de lâcheté sur la base de faits inventés de toutes pièces (malgré le souci, tout sauf héroïque, de sauver sa peau qui avait dicté sa conduite au Bendlerblock, le 20 juillet, il n'était pas un lâche) et mourrait en mars 1945 sous les balles d'un peloton d'exécution.

Dans la confusion qui régnait au Bendlerblock durant la nuit du 20 juillet, on avait pu croire un moment que d'autres exécutions suivraient celle des chefs de file du coup d'État (ainsi que le suicide assisté de Beck). Mais l'arrivée, peu après minuit, d'une unité de SS commandée par le Sturmbannführer Otto Skorzeny, dépêché sur les lieux du soulèvement par Walter Schellenberg, patron des renseignements étrangers de la Sûreté, ainsi que l'apparition du chef de la Sûreté, Ernst Kaltenbrunner, et du commandant Otto Ernst Remer, tout juste nommé commandant du bataillon des gardes de Berlin et largement responsable de l'écrasement du coup d'État, avaient interrompu les exécutions sommaires et mis fin à la sédition. Entretemps, Himmler avait pris l'avion pour Berlin et, en sa nouvelle qualité temporaire de commandant en chef de l'armée de réserve, avait donné l'ordre qu'aucune autre action indépendante ne fût entreprise contre les officiers soupçonnés.

Peu après 4 heures du matin, Bormann put informer les chefs provinciaux du parti, les Gauleiter, que le putsch était terminé. À cette heure, toutes les personnes arrêtées dans la Bendlerstrasse avaient été emmenées en attendant de connaître leur destin, dont le frère aîné de Stauffenberg, Berthold ; l'ancien fonctionnaire et vice-président de la police de Berlin, Fritz-Dietlof von der Schulenburg ; Peter Graf Yorck von Wartenburg, membre en vue du « cercle de Kreisau » ; le pasteur protestant Eugen Gerstenmaier ; ainsi que le propriétaire foncier et officier de l'Abwehr, Ulrich Wilhelm Graf Schwerin von Schwanenfeld. L'ancien général de corps d'armée Erich Hoepner, arrêté par Fromm mais non exécuté, et le feld-maréchal Erwin von Witzleben, qui avait quitté la Bendlerstrasse avant l'effondrement du coup d'État, furent aussi promptement jetés en prison en même temps que diverses autres personnes impliquées. Le ministre prussien des Finances, Popitz ; l'ancien ministre de l'Économie, Schacht ; l'ancien chef d'état-major, le général de corps d'armée Halder ; le général de division Stieff et, de l'Abwehr, l'amiral Canaris et le général de division Oster furent eux aussi arrêtés dans les meilleurs délais. Le commandant Hans Ulrich von Oertzen, l'officier de liaison pour le district de défense de Berlin, qui avait donné les premiers ordres de l'opération « Walkyrie », se donna la mort avec une grenade à main. Henning von Tresckow, le premier inspirateur des tentatives d'assassinat contre Hitler, se tua de la même façon sur le front polonais, près d'Ostrow. Le général Wagner se suicida. Le général Fellgiebel refusa de le faire. « On tient tête, on ne fait pas cela », dit-il à son ordonnance. Sachant qu'il allait être arrêté d'une minute à l'autre, il passa une bonne partie de l'après-midi à la « Tanière du Loup » et alla même jusqu'à féliciter Hitler d'en avoir réchappé, puis attendit son inévitable destin.

Ceux qui tombèrent dans les griffes de la Gestapo devaient s'attendre à de redoutables tortures. Ils les subirent pour la plupart avec l'idéalisme, voire l'héroïsme, qui les avait animés tout au long de leur périlleuse opposition. Dans les premiers stades de l'enquête, la Gestapo obtint étonnamment peu d'informations, en dehors de ce qu'elle savait déjà, des victimes de ses sévices. Malgré tout, à mesure que la « commission spéciale pour le 20 juillet », mise en place le lendemain du coup manqué sous l'autorité du SS-Obersturmbannführer Georg Kiessel, et qui devait bientôt compter quatre cents officiers, élargit son enquête, le nombre des personnes arrêtées s'accrut rapidement. Kiessel put bientôt faire état de six cents personnes emprisonnées. Presque tous les chefs de file des diverses branches de la conjuration furent arrêtés rapidement même si Goerdeler demeura caché jusqu'au 12 août. Tous les jours, Hitler recevait le nom des personnes impliquées. Il s'était trompé au départ en croyant que seule une « minuscule clique » d'officiers s'étaient opposés à lui. Les ramifications du complot allaient beaucoup plus loin qu'il n'avait pu l'imaginer. Il fut particulièrement en colère en découvrant que même Graf Helldorf, le président de la police de Berlin, « ancien combattant » du mouvement nazi et autrefois chef SA, avait été profondément impliqué. Tandis que la liste s'allongeait et que l'ampleur de la conspiration apparaissait clairement (surtout après la confession remarquablement complète d'un Goerdeler soucieux de souligner, au regard de l'Histoire, la portée des efforts de l'opposition pour éliminer Hitler et son régime), la fureur et la rancœur de Hitler contre les conservateurs – en particulier, l'aristocratie foncière – qui ne l'avaient jamais accepté sans réserve s'amplifièrent. « Nous avons extirpé la lutte des classes à gauche, mais nous avons malheureusement oublié d'en finir avec la lutte des classes à droite », aurait-il observé. C'était cependant le plus mauvais moment possible pour encourager des divisions au sein du peuple ; le règlement de comptes avec l'aristocratie attendrait que la guerre fût terminée.

Toujours est-il que Himmler n'avait nul besoin d'encouragement pour exercer sa vengeance contre les familles des conjurés, pour beaucoup d'origine aristocratique. Une quinzaine de jours après l'attentat, il expliqua aux Gauleiter réunis à Posen qu'il agirait en accord avec les traditions de « vendetta » de l'ancien droit germanique et éliminerait le « sang de la sédition » dans tout le clan des traîtres. « La famille de Graf Stauffenberg, promit-il, sera exterminée jusqu'au dernier de ses membres. » Les Gauleiter applaudirent. La femme de Claus von Stauffenberg, ses frères, leurs enfants, ses cousins, ses oncles, ses tantes, tous furent jetés en prison. Les familles des autres conjurés connurent le même sort. Seule la fin de la guerre déjoua les intentions de Himmler. Dans les derniers jours d'août, une action de police de grande envergure pour rafler les opposants du régime – conséquence indirecte, plutôt qu'explicite, du complot du 20 juillet – aboutit à l'arrestation, au total, de plus de cinq mille personnes. La férocité de l'offensive contre toutes les lueurs d'opposition possibles et imaginables à la suite de l'attentat raté fut certainement une preuve que le régime n'avait rien perdu de sa capacité d'exercer une répression implacable. Mais dans cette cruauté absolue, il y avait plus qu'un simple soupçon de désespoir trahissant un régime dont les jours étaient comptés.

Le 7 août, les grands procès commencèrent devant le tribunal du peuple à Berlin. Chacun encadré de deux hommes de la Gestapo, les huit premiers – dont Witzleben, Hoepner, Stieff et

Yorck – de ce qui allait devenir la procession régulière des accusés entrèrent dans la cour pavoisée de croix gammées en présence de quelque trois cents spectateurs choisis, dont les journalistes triés sur le volet par Goebbels. Tous devaient subir le courroux féroce, le mépris cinglant et les humiliations implacables du président de la cour en robe rouge, le juge Roland Freisler. Assis sous un buste de Hitler, son visage reflétait dans ses simagrées des extrêmes de haine et de dérision. Il ne présida qu'une parodie de procès, dans lequel les condamnations à mort étaient décidées d'avance. Les accusés portaient des signes évidents des tortures subies en prison. Afin de les humilier, on leur avait fait passer des habits miteux, sans cols ni cravates, et on leur laissa les menottes jusque dans la cour. Witzleben fut même privé de bretelles ou de ceinture, ce qui l'obligea à retenir son pantalon d'une main. Freisler ne laissa pas aux accusés le temps de s'exprimer convenablement ni même d'expliquer leurs mobiles, s'empressant de leur couper la parole pour les agonir d'insultes, les traiter de fourbes, de traîtres, de lâches et de meurtriers. Un peu plus tard au mois d'août, par exemple, lorsque Graf Schwerin von Schwanenfeld fit mine d'expliquer combien il avait été ébranlé par les nombreux meurtres dont il avait été témoin en Pologne, Freisler ne voulut pas en entendre parler. « Des meurtres ? hurla-t-il, vous êtes vraiment une vile canaille. Vous ne sombrez pas sous cette pourriture ? »

L'ordre avait été donné – probablement par Goebbels, mais sans doute avec l'autorisation de Hitler – que les débats fussent filmés dans l'idée d'en passer des extraits aux actualités, mais aussi de monter un « documentaire » intitulé « Traîtres devant le tribunal du peuple ». Freisler hurla si fort que les cameramen durent lui signaler qu'il gâchait l'enregistrement sonore. À certains moments, les accusés n'en trouvèrent pas moins le courage de défier leur juge. Ainsi, lorsque la peine de mort attendue eut été prononcée, le général Fellgiebel marmonna : « Alors ne perdez pas une minute pour nous pendre, monsieur le président ; sans quoi vous serez pendu plus vite que nous. » Et le feld-maréchal von Witzleben de s'exclamer : « Vous pouvez bien nous remettre au bourreau. Dans trois mois, le peuple enragé et tourmenté vous demandera des comptes et vous traînera vivant dans le caniveau. » Cette sinistre parodie de justice fut tellement criante que même le ministre de la Justice du Reich, Otto Georg Thierack – lui-même nazi fanatique qui, dans son ardeur idéologique, avait alors pratiquement abandonné les derniers vestiges d'un système juridique totalement perverti par l'illégalité et par l'arbitraire policier des SS –, déplora par la suite la conduite de Freisler.

Les verdicts prononcés, les condamnés furent pour la plupart conduits à la prison de Plötzensee, à Berlin. Sur instruction de Hitler, on devait leur refuser les derniers sacrements et l'assistance d'un prêtre ou d'un pasteur (dans les faits, cependant, cet ordre impitoyable fut au moins partiellement contourné). Pour les crimes commis par des civils, la forme normale d'exécution sous le IIIe Reich était la décapitation. Mais Hitler avait dit et redit qu'il voulait voir les auteurs de la conjuration du 20 juillet 1944 « pendus, pendus comme des quartiers de viande ». Dans la petite salle d'exécution de plain-pied, aux murs blanchis à la chaux et divisée par un rideau noir, des crochets, en fait des crochets de boucher, avaient été suspendus à une traverse fixée juste sous le plafond. D'ordinaire, la seule lumière de la pièce venait de deux fenêtres, éclairant faiblement une guillotine souvent utilisée. Cette fois-ci, cependant, en tout cas pour les premiers groupes de conjurés condamnés, les exécutions allaient être filmées et photographiées. Comme pour le tournage des débats, l'ordre venait vraisemblablement de Hitler ou de Goebbels. La scène macabre était donc éclairée par des projecteurs, comme dans un studio de cinéma. Dans un angle de la pièce, se trouvait une petite table avec une bouteille de cognac, pour ceux qui assistaient aux exécutions. Les condamnés furent introduits, menottés et vêtus de pantalons de détenus. Il n'y eut pas de dernier mot, ni prêtre ni pasteur pour les réconforter, rien que l'humour noir du bourreau. Les récits des témoins oculaires parlent de la fermeté et de la dignité des exécutés. La pendaison avait lieu dans les vingt secondes qui suivaient l'entrée du prisonnier dans la pièce. La mort, cependant, n'était pas immédiate. Pour certains, elle vint vite ; pour d'autres, l'agonie fut lente et dura plus de vingt minutes. Pour ajouter encore à l'obscénité, il se trouva des bourreaux pour arracher les pantalons des suppliciés avant leur mort. Et pendant ce temps, la caméra tournait. Le film et les photographies macabres furent ensuite expédiés au QG de Hitler. Speer confia plus tard en avoir aperçu un tas sur la table des cartes du Führer, lorsqu'il se rendit à la « Tanière du Loup », le 18 août. Ce soir-là, des SS et quelques civils allèrent voir la projection du film des exécutions, mais aucun membre de la Wehrmacht ne se joignit à eux. Que Hitler ait vu le film des exécutions n'est pas certain. Les témoignages sont contradictoires.

La plupart des exécutions en rapport avec la tentative de coup d'État du 20 juillet 1944 eurent lieu dans les semaines suivantes. Certaines attendirent quelques mois. Quand le bain de sang se ralentit, le nombre des suppliciés se situait autour de deux cents. Ce fut le dernier triomphe de Hitler.

6

Ondes de choc

Après avoir cru que la Providence avait voulu qu'il survive et que la « traîtrise » des conjurés expliquait les infortunes militaires de l'Allemagne, l'euphorie initiale du Führer ne tarda pas à se dissiper. La réalité des revers, des crises et des désastres quotidiens était trop forte pour qu'on pût l'oublier complètement. Même pour Hitler. Il n'y eut guère de répit. Bientôt, il lui fallut de nouveau se concentrer sur les affaires militaires.

Le complot de Stauffenberg le marqua durablement. Il s'était sorti de l'explosion avec des blessures relativement superficielles. Comme pour souligner son indestructibilité et la virilité avec laquelle il savait dominer sa douleur, il prit les séquelles de l'attentat à la légère et il lui arriva même d'en plaisanter avec son entourage. Toutefois, elles étaient moins insignifiantes qu'il ne voulait bien le laisser entendre. Près d'une quinzaine de jours après l'attentat, le sang suintait encore des bandages recouvrant les plaies. Son oreille droite le faisait particulièrement souffrir, et son acuité auditive en pâtit. Il fut traité par le Dr Erwin Giesling, oto-rhino-laryngologiste d'un hôpital voisin, puis par le professeur Karl von Eicken, qui lui avait retiré un polype de la gorge en 1935 et que l'on fit alors venir en avion de Berlin. Mais ses tympans crevés – sa blessure la plus grave – continuèrent de saigner pendant quelques jours et mirent plusieurs semaines à cicatriser. Pendant un temps, il crut qu'il n'entendrait plus jamais de l'oreille droite. Les troubles de l'équilibre dus à ses problèmes d'oreille interne lui faisaient tourner les yeux vers la droite au point qu'il avait tendance à pencher de ce côté-là en marchant. Il était aussi sujet à des vertiges ou à des malaises fréquents et souffrait d'hypertension. Il paraissait vieilli, malade et tendu. Onze jours après l'attentat, il expliqua, lors du briefing militaire quotidien, qu'il n'était pas en mesure, pour l'instant, de parler en public. Il était incapable de rester debout très longtemps, redoutait un vertige soudain et s'inquiétait aussi de ne pouvoir marcher droit. Quelques jours plus tard, il confia à son médecin, le Dr Morell, que les semaines écoulées depuis l'attentat avaient été « les pires de sa vie », ajoutant qu'il avait dominé les difficultés « avec un héroïsme qu'aucun Allemand ne saurait imaginer ». Étrangement, le tremblement de sa jambe gauche et de ses mains devait quasiment disparaître à la suite de l'explosion.

Morell l'attribua au choc nerveux. À la mi-septembre, cependant, le tremblement était revenu. À cette date, les doses quotidiennes massives de comprimés et d'injections ne pouvaient plus enrayer la lente dégradation de son état de santé. Quant aux effets psychologiques, ils furent au moins aussi graves.

Sa méfiance et son sentiment de trahison allaient maintenant confiner à la paranoïa. Très vite, on prit de nouvelles précautions à l'extérieur. Au QG du Führer proprement dit, les mesures de sécurité furent tout de suite considérablement renforcées. Lors des briefings militaires, toutes les personnes présentes étaient désormais systématiquement fouillées pour s'assurer qu'elles n'avaient pas d'armes ou d'explosifs sur elles. La nourriture de Hitler et ses médicaments étaient testés pour s'assurer qu'ils n'étaient pas empoisonnés. Toutes les denrées alimentaires qu'on lui offrait – notamment les chocolats ou le caviar, dont il raffolait – étaient immédiatement détruits. Mais en aucune façon les mesures de sécurité extérieures n'atténuèrent ce choc profond : certains de ses généraux s'étaient retournés contre lui. Selon Guderian, qu'il nomma pour succéder à Zeitzler au poste de chef d'état-major général quelques heures après l'attentat, « il ne croyait plus personne. Il était déjà passablement difficile de traiter avec lui ; ce devint alors un supplice qui ne cessa d'empirer de mois en mois. Il lui arrivait souvent de perdre tout empire sur lui et son langage se fit de plus en plus violent. Il ne trouvait plus d'influence modératrice dans le cercle de ses intimes... ».

Si Hitler ne manquait jamais une occasion de souligner qu'il avait bien eu raison de se méfier de ses chefs militaires, et alors même qu'il avait trouvé les boucs émissaires dont il avait besoin pour s'expliquer les revers essuyés sur tous les fronts, jamais il n'avait imaginé qu'un complot pour le renverser pût être armé par les hommes les plus proches du cœur du régime, en particulier par des officiers qui, loin de concentrer toute leur énergie pour la victoire de l'Allemagne, faisaient tout leur possible pour miner l'effort de guerre de l'intérieur. En 1918, suivant sa vision déformée des semaines capitales de la défaite et de la révolution, les ennemis de l'intérieur avaient donné un coup de poignard dans le dos à ceux qui combattaient sur le front. Toute sa vie politique, il l'avait consacrée à effacer les effets de cette catastrophe et à en éliminer toute répétition possible au cours d'une nouvelle guerre. Et voici que cette traîtrise avait resurgi sous une forme nouvelle, non pas du fait de subversifs marxistes menaçant de l'intérieur l'effort militaire, mais d'officiers de la Wehrmacht qui avaient été tout près de miner l'effort de guerre sur le front intérieur. La suspicion avait toujours été chez Hitler une seconde nature. Mais les événements du 20 juillet allaient transformer cette méfiance latente en certitude viscérale : tout autour de lui, dans l'armée, ce n'était que traîtrise et sédition, tous ne cherchaient une fois de plus qu'à poignarder dans le dos une nation engagée dans un combat de Titans pour sa survie même.

Outre sa soif de vengeance brutale, l'attentat raté acheva de le convaincre que la destinée guidait ses pas. La « Providence » se tenant à ses côtés, imaginait-il, sa survie était à ses yeux la garantie qu'il accomplirait sa mission historique. Il devait plus que jamais céder au messianisme. « Ces criminels qui ont voulu m'éliminer n'ont aucune idée de ce qu'il serait advenu du peuple allemand, dit Hitler à ses secrétaires. Ils ne connaissent pas les plans de nos ennemis, qui veulent annihiler l'Allemagne afin que jamais plus elle ne puisse renaître. S'ils croient que les puissances occidentales sont assez fortes sans l'Allemagne pour tenir le bolchevisme en échec, ils se leurrent. Il faut que nous gagnions cette guerre. Sans quoi l'Europe sera livrée au bolchevisme. Et je veillerai à ce que personne d'autre ne puisse me retenir ou m'éliminer. Je suis le seul qui sache le danger, et le seul qui puisse l'empêcher. » Pareils sentiments rappelaient, par un effet de miroir déformant, la figure wagnérienne du rédempteur, du héros qui seul pourrait sauver de la catastrophe les détenteurs du Graal, mieux encore le monde lui-même : un Parsifal moderne.

Une fois de plus en quête de sa place dans l'Histoire et cherchant à savoir pourquoi la voie de la destinée avait plongé l'Allemagne dans la tragédie, au lieu de lui donner une victoire glorieuse, il trouva, outre la traîtrise de ses généraux, une autre raison : la faiblesse du peuple. Si l'on en croit Speer, Hitler laissa entendre à cette époque que le peuple allemand ne le méritait peut-être pas, qu'il s'était sans doute révélé faible et n'avait pas réussi son épreuve devant l'Histoire et qu'il pouvait être en conséquence condamné à la destruction. Alors qu'en public comme en privé il avait toujours affiché un optimisme indéfectible sur l'issue de la guerre, on a ici l'un des rares signes qu'il envisagea bel et bien, fût-ce momentanément, la possibilité d'une défaite totale.

Si chaque fois qu'il apprenait les tout derniers revers il continuait de jouer à la perfection le rôle du Führer en présentant d'instinct et avec insistance la situation sous un jour avantageux, il entrevoyait aussi la signification du succès du débarquement des Alliés en Normandie, de l'effondrement dramatique du front est qui laissait l'Armée rouge tout près des frontières du Reich, du bombardement incessant que la Luftwaffe était totalement incapable d'empêcher, de la supériorité écrasante de l'arsenal comme des matières premières des Alliés, et des rapports lugubres faisant état d'une pénurie de plus en plus critique de carburant. Kluge et Rommel avaient tous deux pressé Hitler de mettre un terme à une guerre qu'il ne pouvait pas gagner. Mais il persista à balayer

Au cœur du complot

1. Henning von Tresckow

2. Claus von Stauffenberg

Les premiers opposants

3. Ludwig Beck,
chef de l'état-major, vers 1937.

4. Carl Goerdeler, maire de Leipzig, en 1934 (*au milieu, avec Winifred Wagner, Hitler, le Gauleiter Martin Mutschmann et Joseph Goebbels*).

Les conjurés du groupe d'armées centre

5. Rudolf Christoph Freiherr von Gersdorff

6. Fabian von Schlabrendorff

Désastre sur le front de l'est

7. Véhicules de la Waffen-SS détruits.

8. Prisonniers allemands traversant Moscou, le 17 juillet 1944.

La bombe

9. La salle de réunion après l'attentat.

10. Hitler avec le major général Walter Scherff.

Le châtiment

11

12

13

14

15

11. Otto Ernst Remer

12. Friedrich Fromm

13. Werner von Haeften

14. Albrecht Mertz von Quirnheim

15. Friedrich Olbricht

Le procès

16. Roland Freisler

17. Peter Graf Yorck
von Wartenburg

18. Adam von Trott

La fin

19. Ernst Kaltenbrunner, Hans Hinkel et Werner Naumann au procès.

20. La salle d'exécution à Plötzensee.

d'un revers de main toute idée de demander la paix. La situation « n'était pas encore mûre pour une solution politique. Espérer un moment politique favorable pour faire quelque chose en un temps de sévères défaites militaires est naturellement puéril et naïf », déclara-t-il le 31 août 1944 lors d'un briefing avec ses généraux. « Des moments pareils peuvent se présenter quand vous avez des succès. » Mais où le succès avait-il quelque chance d'être au rendez-vous ? Il en était réduit à invoquer sa certitude qu'à un moment ou à un autre la coalition alliée se briserait sous le poids de ses tensions intérieures. Si rude que fût la situation, il suffisait d'attendre ce moment.

« Surtout depuis 1941, ma tâche a été, poursuivit-il, de ne jamais perdre mon sang-froid. » Il ne vivait que pour mener à bien ce combat puisqu'il savait qu'il ne pourrait être gagné que par une volonté de fer. Loin de répandre cette volonté d'airain, les officiers de l'état-major général l'avaient miné en ne propageant que le pessimisme. Mais le combat se poursuivrait, si nécessaire jusqu'au Rhin. Une fois de plus, il évoqua l'un de ses grands héros de l'Histoire. « En toutes circonstances, nous poursuivrons la lutte jusqu'à ce que l'un de nos foutus adversaires, comme disait Frédéric le Grand, se lasse de combattre et que nous obtenions une paix qui assure l'existence de la nation allemande pour cinquante ou cent ans et, par-dessus tout, ajouta-t-il en revenant à l'une de ses obsessions centrales, qui ne souille pas notre honneur une seconde fois comme en 1918. » Cette pensée le conduisit à évoquer directement l'attentat et sa survie. « Le destin aurait pu prendre un tour différent, reprit-il non sans pathos. Si ma vie avait pris fin, ce n'eût été pour moi personnellement, pourrais-je dire, qu'une libération de mes soucis, de mes nuits d'insomnie et d'une grave tension nerveuse. En une simple fraction de seconde, vous êtes libéré de tout cela et vous avez droit au repos et à la paix éternels. Du simple fait que je suis encore en vie, il me faut néanmoins remercier la Providence. »

Malgré leur caractère un peu décousu, le sens de ces réflexions était assez clair : une paix négociée ne saurait être envisagée qu'en position de force (chose qui, en tout réalisme, était inimaginable) ; l'unique espoir était de tenir jusqu'à l'effondrement de la coalition alliée (mais le temps et l'énorme déséquilibre des ressources matérielles n'étaient guère du côté de l'Allemagne) ; son rôle historique, tel qu'il le considérait, était d'écarter toute possibilité de capitulation analogue à celle de novembre 1918. Lui seul s'interposait entre l'Allemagne et la catastrophe, mais, quelles qu'en fussent les conséquences pour la nation allemande, le suicide le libérerait en une fraction de seconde. Dans l'extraordinaire perspective qui était la sienne, sa mission historique était de poursuivre le combat jusqu'à la destruction totale – voire l'autodestruction – afin d'empêcher un nouveau « novembre 1918 » et d'effacer le souvenir de cette « honte » nationale. C'était une tâche autrement plus glorieuse que de négocier une paix en position de faiblesse, ce qui ne pourrait que les couvrir de honte, lui et le peuple allemand. C'était au fond une manière de reconnaître que l'heure où il serait acculé approchait et qu'il ne reculerait devant rien dans une lutte qui risquait fort de finir dans l'oubli ; où, pour toute vision grandiose, il ne restait plus que la quête de la grandeur historique, même si le Reich et son peuple devaient par la même occasion périr dans les flammes.

Cela signifiait en même temps qu'il n'y avait aucune issue. L'échec du complot pour éliminer Hitler anéantit la dernière chance de parvenir à une fin négociée de la guerre. Pour les Allemands, c'était la promesse d'une destruction presque totale de leur pays. Quelles que fussent leurs diverses réactions aux événements du 20 juillet et à leurs suites, les Allemands ordinaires allaient voir, au cours des huit prochains mois, leurs villes dévastées par des raids aériens implacables contre lesquels ils étaient pour ainsi dire sans défense. Ils allaient connaître la perte douloureuse d'êtres chers qui menaient une guerre manifestement vaine contre des forces ennemies d'une supériorité écrasante. Ils allaient devoir subir des privations toujours plus aiguës et être soumis à une peur et une répression toujours plus fortes entre les mains d'un régime que rien n'arrêtait. Les horreurs de la guerre que l'Allemagne avait infligées au reste de l'Europe se retournaient maintenant contre le Reich, quoique sous une forme autrement plus douce. La résistance ayant été écrasée et les dirigeants du pays étant incapables d'apporter la victoire ou de conjurer la défaite tout en se refusant à essayer d'obtenir la paix, la seule libération passait par une destruction militaire totale.

Pour les innombrables victimes de Hitler à travers l'Europe, les avancées, si impressionnantes qu'elles eussent été, de l'Armée rouge et des forces anglo-américaines à l'ouest et au sud, n'étaient pas encore tout à fait suffisantes pour mettre fin à la guerre et, avec elle, aux souffrances incommensurables infligées par le régime nazi. En réalité, la misère humaine n'avait pas encore atteint son apogée. Elle devait aller crescendo au cours des mois suivants.

Ceux qui avaient risqué leur vie dans le complot contre Hitler savaient parfaitement qu'ils agissaient sans le soutien des masses. En cas de succès, les conjurés devaient espérer que la fin rapide de la guerre rallierait l'immense majorité de leurs compatriotes – qui, pour la plupart, avaient été à un moment ou à un autre des admirateurs de Hitler – et qu'on pourrait ainsi éviter l'émergence d'une nouvelle « légende du coup de poignard dans le dos » (comme celle qui avait empoisonné la vie politique allemande après la Première Guerre mondiale). S'ils échouaient, les conjurés savaient qu'ils n'auraient pas une once de soutien dans le peuple, que leur acte passerait pour une trahison infâme, et qu'ils se couvriraient d'ignominie aux yeux de la masse de la population.

Les dirigeants nazis n'abandonnaient cependant rien au hasard. Quelques heures après l'attentat de Stauffenberg, Siegfried Uiberreither, Gauleiter de Styrie, demanda si l'on envisageait des manifestations publiques de soutien à Hitler. On lui répondit que les « rassemblements de loyauté » étaient les bienvenus et que, à la lumière de sa demande, des instructions seraient bientôt adressées à tous les Gauleiter. Celles-ci partirent le lendemain. Elles prônaient d'immenses rassemblements de masse en plein air, où le peuple dirait « sa joie et sa satisfaction que le Führer ait miraculeusement réchappé [de l'attentat] ». Ces rassemblements eurent lieu au cours des jours suivants dans les villes et métropoles allemandes. Des centaines de milliers d'Allemands ordinaires et des représentants de la Wehrmacht se déclarèrent « spontanément » indignés et révoltés par l'« ignoble attentat contre la vie du Führer », mais aussi soulagés et heureux qu'il eût survécu.

On retrouvait les mêmes sentiments que dans les premiers sondages d'opinion effectués par la Sûreté et transmis par Ernst Kaltenbrunner à

Martin Bormann après que la nouvelle de l'attentat s'était propagée comme un feu de brousse. Un premier rapport, compilé le 21 juillet, fit état de réactions uniformes à travers le peuple allemand tout entier : « vive consternation, choc, indignation profonde et fureur ». Dans certains districts ou dans certaines sections de la population notoirement critiques à l'égard du nazisme, on avait même vu s'exprimer des sentiments analogues ; la tentative d'assassinat n'avait pas inspiré ne fût-ce qu'un vague mot de sympathie. Dans certaines villes, assurait le rapport, des femmes avaient éclaté en sanglots dans les boutiques ou en pleine rue lorsqu'elles avaient appris ce qui s'était passé. « Grâce à Dieu, le Führer est en vie », entendait-on souvent répéter. Beaucoup étaient prêts à accepter la version de Hitler, quand il assurait voir dans sa survie un signe de la Providence et l'indication que, malgré tous les revers, la guerre trouverait une issue victorieuse. Ils étaient très nombreux, ajoutait le document, à associer à la « personne du Führer des notions mystiques et religieuses ».

D'aucuns en conclurent aussitôt que des agents ennemis se trouvaient derrière la tentative d'assassinat, ce qui déclencha une nouvelle poussée de haine contre les Britanniques. Après le discours de Hitler – diffusé si tard que la plupart des gens étaient déjà au lit, mais repris le 21 juillet, en début d'après-midi –, la fureur se retourna contre ceux qui passaient pour des traîtres de l'intérieur. On s'indignait que l'attentat contre le Führer fût l'œuvre d'officiers de la Wehrmacht et, comme Hitler lui-même, on imputait les désastres militaires de l'Allemagne à cette traîtrise. On comptait sur Heinrich Himmler, l'« homme à poigne », pour « nettoyer » implacablement le corps des officiers. D'aucuns disaient même approuver les purges de Staline. On enrageait que les fardeaux de la « guerre totale » n'eussent pas été également répartis ; que trop de gens eussent pu s'y soustraire. Il fallait les faire rentrer dans le rang, si rudes que pussent être les mesures impératives pour y parvenir. Quels que fussent les sacrifices nécessaires pour apporter à la guerre une issue rapide et victorieuse, ils seraient alors volontiers consentis.

L'échec de l'attentat réveilla la ferveur du soutien à Hitler en Allemagne même, mais aussi parmi les soldats du front. Parmi les prisonniers de guerre capturés par les Alliés en Normandie, par exemple, on observa une recrudescence des expressions de foi en Hitler. Et la censure militaire qui avait épluché quarante-cinq mille lettres de soldats ordinaires du front en août 1944 signala que « beaucoup exprimèrent leur joie que le Führer eût survécu ». Il n'y avait aucune obligation d'évoquer l'attentat contre Hitler dans les lettres aux siens. Le sentiment pro-hitlérien était sans nul doute authentique.

Quatre jours après qu'eut explosé la bombe de Stauffenberg, les rapports de police insistaient encore sur la condamnation quasi unanime de la tentative d'assassinat et la joie que le Führer fût indemne. Cependant, quelques voix discordantes se firent timidement entendre. « L'attentat n'a suscité une vive réprobation que dans des cas totalement isolés », assurait-on. À Halle, on avait arrêté une femme qui disait regretter l'issue de l'attentat. À Vienne, une autre avait observé qu'il fallait bien que cela arrive un jour tant la guerre était longue. En revanche, toujours selon ces rapports, même les secteurs « politiquement indifférents » de la population réagissaient avec flamme à de pareils propos.

Dans l'éventualité de leur échec, les conjurés eux-mêmes avaient parfaitement prévu ce retour de flamme au profit de Hitler et la condamnation féroce de ceux qui avaient voulu attenter à la vie du Führer que l'on mesure à travers les rapports de police. Tout cela mettait en évidence le réservoir de popularité dont disposait encore Hitler et dans lequel on pouvait puiser pour soutenir le régime à un moment critique, alors même que le cours de la guerre prenait un tour de plus en plus clairement catastrophique.

La popularité de Hitler, cependant, avait sans conteste décliné au cours des deux années précédentes. De plus en plus, on avait eu tendance à le blâmer personnellement des misères d'une guerre qui menait avec une quasi-certitude à la défaite. On a donc du mal à imaginer que l'unanimité des sentiments de joie mentionnée par les rapports de police parce qu'il était sorti indemne de l'attentat fût un reflet exact des vues de la population allemande dans son ensemble. Ces rapports se faisaient indubitablement l'écho d'une opinion largement répandue, qui signalait en fait un regain des sentiments pro-hitlériens. Mais les opinions que les informateurs purent entendre étaient sans doute celles du gros des fidèles du régime, des nazis fanatiques et de tous ceux qui étaient soucieux d'afficher leur soutien ou de chasser le soupçon qu'ils pourraient être critiques à l'égard de Hitler. Les gens qui avaient des idées moins positives étaient bien inspirés de les garder pour eux, surtout à un moment aussi délicat. Les fortunes de la guerre s'étant dégradées, le châtiment des remarques imprudentes était devenu plus draconien. À la fin du mois de juillet 1944, il était pour ainsi dire suicidaire d'affirmer tout haut regretter que Hitler eût survécu. Il s'en trouva cependant pour prendre le risque. À Berlin, un conducteur de tram risqua un commentaire bref mais caustique sur le discours que Goebbels avait prononcé le 26 juillet à la radio pour fustiger les conjurés. « Tout ça est à vomir », observa-t-il. Il semble qu'il s'en soit tiré.

Les sentiments critiques ne pouvaient être exprimés en toute sécurité que dans l'intimité, parmi les siens ou les amis proches. Le 21 juillet, par exemple, un garçon de seize ans à peine se confia aux pages du remarquable journal qu'il tenait dans le grenier de sa maison, près de Hambourg : « Tentative d'assassinat contre Hitler ! Hier, un attentat à l'explosif a été commis dans son bureau. Malheureusement, ce salaud en est sorti indemne. [...] La nuit dernière, à 1 heure du matin, Hitler a fait un discours à la radio. Il est tout à fait remarquable que Hitler ait répété six fois qu'il ne s'agissait que d'une "minuscule clique". L'ampleur de ses mesures dément cependant ces allégations. On n'a pas besoin d'une armée entière pour éliminer une "minuscule cabale". » Le garçon tenait son journal pour lui et ne le montrait même pas à ses parents.

Un autre ancien admirateur de Hitler dont l'enthousiasme s'était depuis refroidi se limita à ce propos cyniquement ambigu : « Tentative d'assassinat du Führer. La "Providence l'a sauvé", et nous pouvons donc croire à la victoire. » Les lettres aux proches étaient aussi « codées » à des fins de sécurité. Le 21 juillet, dans une lettre adressée depuis Paris à sa femme canadienne restée en Allemagne, un homme cultivé évoquait les événements de la veille en ces termes : « Pour certains, la nuit n'a certainement pas été très bonne, mais il nous faut rendre grâces au ciel que l'affaire se soit terminée ainsi. Car comme je l'ai toujours souligné, seul Adolf Hitler est en mesure de donner à cette guerre la conclusion désirée ! »

Jusque dans les rapports officiels venus de province, on trouve des signes que la condamnation unanime évoquée par la police cachait des voix discordantes et que le silence d'une grande majorité de la population était éloquent. Ainsi, un rapport de Haute-Bavière reconnaissait franchement qu'une « partie de la population se serait réjouie du succès de la tentative d'assassinat, avant tout parce qu'elle en aurait espéré une fin plus proche de la guerre ». Un autre rapport se fit l'écho de la dangereuse remarque marmonnée par une femme dissimulée dans l'angle d'un sombre abri antiaérien : « Si seulement ils l'avaient eu ! »

Sur le front, également, les avis sur l'attentat étaient plus partagés que les apparences ne le suggéraient. Insinuer qu'on regrettait que Hitler en eût réchappé était s'exposer à la catastrophe. Les lettres aux siens passaient par la censure et risquaient d'être interceptées. Le plus sûr était de se tenir à carreau. La légère recrudescence des critiques à l'égard du régime en août 1944 en est d'autant plus remarquable, et plus éloquente encore quand on sait que les lettres exposaient leurs expéditeurs à des châtiments extrêmes. Un soldat eut bien de la chance que sa lettre du 4 août ait échappé à la vigilance du censeur. « Tu parles dans ta lettre de l'attentat contre le Führer, écrivait-il. En effet, nous en avons entendu parler le jour même. Malheureusement, les hommes ont joué de malchance. Sans quoi il y aurait déjà une trêve, et nous serions sortis de ce gâchis. » D'autres fois, la censure repéra des propos aussi audacieux.

Pour l'auteur de la lettre, la peine de mort en était la conséquence quasi certaine.

Ainsi que le révélèrent les réactions à l'attentat, les liens entre le peuple allemand et Hitler s'étaient certes considérablement relâchés, mais ils étaient loin d'être rompus au milieu de l'année 1944. L'échec du complot de Stauffenberg avait valu à Hitler des manifestations de soutien qui, pendant un temps, renforcèrent incontestablement le régime. Le sentiment qu'essayer de tuer le chef de l'État, à une époque où la nation luttait pour son existence même, était un crime odieux était loin d'être limité aux nazis les plus fervents. Les milieux catholiques de la population, réputés pour la tiédeur de leur soutien à un régime qui, à peine né, avait mené une guerre d'usure contre l'Église, figuraient en bonne place dans les immenses manifestations de loyauté à Hitler organisées fin juillet. Les deux principales Églises continuèrent de condamner l'attentat même après la guerre. Au début des années 1950, un tiers encore des personnes interrogées, suivant les enquêtes d'opinion, persistaient à réprouver la tentative d'assassinat du 20 juillet 1944. Mais, par-dessus tout, les voix entendues par les informateurs de la police dans les premiers jours suivant la tentative d'assassinat étaient celles des masses des fidèles qui allaient en s'amenuisant. Elles avaient parlé haut et fort pour la dernière fois. On ne peut qu'essayer de deviner quelle proportion de la population (ou même du parti nazi, qui à cette date, comptait plus de huit millions d'adhérents) ils représentaient, mais il s'agissait très certainement d'une minorité, même si c'était encore elle qui dominait la situation et qu'elle disposât d'une formidable capacité de répression.

Dans les semaines qui suivirent l'attentat de la « Tanière du Loup », il se trouva même quelques antennes de police provinciales pour donner des indicateurs brutaux de l'effondrement de la popularité de Hitler. Daté du 8 août, un rapport accablant des services de police à Stuttgart commençait en affirmant que, pour l'écrasante majorité des Allemands, la question n'était pas de savoir si le pays gagnerait la guerre, mais uniquement s'ils seraient dirigés par les Anglo-Américains ou par les Russes. En dehors d'un petit contingent de militants du parti et d'une infime section de la population, personne ne croyait au miracle. Dans le discours que Hitler prononça la nuit de l'attentat, les gens lisaient exactement le contraire de ce qu'il affirmait. Pour eux, il était maintenant évident que Göring, Goebbels et les autres dirigeants du régime leur avaient menti en prétendant que le temps était du côté de l'Allemagne, que la production d'armements augmentait et que le jour approchait d'une reprise de l'offensive avec de nouvelles armes décisives. Et voici que le Führer lui-même venait leur dire que cela faisait des années que l'on sabotait son travail. Autrement dit, les gens disaient : « Le Führer reconnaît que, jusqu'ici, le temps n'était pas de notre côté, mais jouait contre nous. Si un homme comme le Führer a été ainsi trompé de bout en bout, poursuivait le résumé de l'opinion dominante, c'est soit qu'il n'est pas le génie qu'on nous a dépeint, soit que, sachant que des saboteurs s'activaient, il a délibérément menti au peuple allemand, ce qui serait tout aussi mal, car, avec de tels ennemis de l'intérieur, jamais la production de guerre n'aurait pu être augmentée, et jamais nous ne pourrions remporter la victoire. » La conséquence de ces réflexions était explicitement formulée : « L'aspect le plus inquiétant de toute cette affaire est que la plupart des camarades du peuple, même ceux dont la confiance était jusqu'à maintenant inébranlable, ont perdu toute foi dans le Führer. »

Au fil de l'automne, après que Hitler fut pour une dernière fois repassé au centre de l'attention, sa présence s'estompa à nouveau de la conscience quotidienne de la plupart des gens et l'hostilité de la population à son encontre se durcit. Le 6 novembre, le même rapport de police de Stuttgart signalait une opinion qu'on entendait fréquemment, suggérait-il, sous des formes diverses : « On a toujours prétendu que le Führer nous a été envoyé par Dieu. Je n'en doute pas. Le Führer nous a bien été envoyé par Dieu, mais pas pour sauver l'Allemagne, pour la ruiner. La Providence a décidé la destruction du peuple allemand, et Hitler est l'exécuteur de cette volonté. »

Parfois, il ne restait que des croyances irrationnelles. Fin août, début septembre 1944, une adolescente qui se confiait à son journal intime voyait l'effort de guerre allemand essuyer coup sur coup : l'attentat contre le Führer, la progression des Alliés, le recul constant des troupes allemandes sur le front est, les bombardements incessants et l'effondrement des partenaires du Reich. « D'un côté, il y a la victoire, qui devient toujours plus douteuse, et de l'autre le bolchevisme, écrivit-elle. Mais alors : sacrifier tout, absolument tout, pour la victoire, plutôt que le bolchevisme. Si cela arrivait, on n'aurait plus à penser. Qu'irais-je faire encore à l'école si je dois finir en Sibérie ? À quoi cela servirait-il ? À quoi ? Toutes sortes de questions de cette nature viennent à l'esprit. Mais si nous avions tous pensé ainsi, il ne resterait plus aucun espoir. Donc, tête haute. Faisons confiance à notre volonté et à nos dirigeants ! ! ! »

Comme le suggère ce passage, la peur du bolchevisme était devenue l'un des principaux ferments de cohésion et facteurs de soutien de l'effort de guerre allemand et de lutte contre l'effondrement du moral sur la scène intérieure. Malgré tout, alors que les nouvelles de défaites, de destructions et de désertion des Alliés se succédaient sans répit, et que la perte de ses biens, de ses maisons et des êtres chers répandait la misère dans la population, les premiers signes de désintégration étaient visibles. De plus en plus, le salut allemand, *Heil Hitler*, faisait place à un simple « bonjour » ou, dans le sud de l'Allemagne, à *Grüss Gott*. Début septembre, si l'on en croit un rapport à Himmler, l'évacuation de la région d'Aix-la-Chapelle – l'ancien siège de l'empire de Charlemagne, où les Alliés avaient effectué une percée – poussa la « population civile allemande à s'enfuir plus ou moins sous l'effet de la panique ». Un peu plus tard, ce même mois, des rapports de la Wehrmacht concernant le front est firent état d'une indiscipline croissante et de signes de désintégration parmi les troupes, avec un nombre de plus en plus grand de désertions, se traduisant par une forte hausse des châtiments draconiens infligés par les tribunaux militaires.

Certains déserteurs du front ouest trouvèrent refuge à Cologne. Cette grande ville du Rhin avait été largement détruite par les bombardements, bien que sa magnifique cathédrale gothique eût été miraculeusement épargnée, et une bonne partie de sa population avait été évacuée. Au milieu des décombres et des ruines, dans les caves des bâtiments incendiés, des formes d'opposition au régime nazi, proches de la guerre de partisans, commençaient à se manifester. Au cours de l'automne 1944, des groupes hétérogènes de déserteurs, de travailleurs étrangers – qui formaient à présent près de 20 % de la main-d'œuvre du Reich, au point que les autorités nazies redoutaient de plus en plus une insurrection –, de membres de bandes de jeunes en rupture de ban (connus sous le nom pittoresque de

« pirates Edelweiss ») et de militants communistes clandestins (dont l'organisation avait été maintes fois infiltrée et détruite, mais avait toujours réussi à se reconstituer) fusionnèrent en un mouvement de résistance éphémère mais inquiétant pour le régime. La Gestapo recensa deux douzaines de petits groupes de résistants pouvant rassembler jusqu'à une vingtaine de personnes et un grand groupe de quelque cent vingt individus. Ils volaient des vivres, faisaient irruption dans les camps et les dépôts de la Wehrmacht pour se procurer des armes et se livraient à de petits actes de sabotage. À l'occasion, il y avait des échanges de coups de feu avec les gardiens de camps et la police. Leurs actions avaient un sens politique : ils tuèrent, entre autres, plusieurs gestapistes, dont le chef de la Gestapo de Cologne, un SA et un cadre du parti nazi. Au total, la Gestapo leur attribua vingt-neuf assassinats.

Les attaques des « pirates Edelweiss » contre les Jeunesses hitlériennes et d'autres formations nazies allèrent en se multipliant. Grâce aux explosifs qu'ils purent se procurer, ils comptaient faire sauter le siège de la Gestapo et les tribunaux de la ville, mais aussi abattre un procureur en vue et plusieurs membres de l'organisation du parti. Si la progression des Alliés à l'ouest ne s'était pas ralentie, ce quasi-activisme des partisans de Cologne aurait pu se propager à d'autres villes du Rhin et de la Ruhr et il eût été beaucoup plus difficile de le combattre. Aidée d'unités de la Wehrmacht, la

Gestapo put riposter à l'automne par une attaque dévastatrice. Les groupes de résistants ne cédèrent pas sans lutter. Un groupe batailla douze heures durant avant que la cave en ruine dans laquelle il s'était retranché fût soufflée. Un autre groupe se défendit avec des grenades à main et un fusil-mitrailleur, grâce à quoi il finit par enfoncer le cordon de police et par s'échapper. Lorsque la Gestapo en eut terminé, quelque deux cents résistants avaient été arrêtés. Les groupes eux-mêmes furent entièrement détruits, leurs chefs exécutés et beaucoup d'autres jetés en prison.

Si le complot de Stauffenberg avait abouti, l'activisme politique de base qui se développa à Cologne aurait pu s'amplifier en un véritable ferment révolutionnaire à partir de l'ouest de l'Allemagne. Mais si Hitler avait été assassiné le 20 juillet, on aurait pu imaginer quantité de scénarios parfaitement contradictoires. Dans les faits, le résultat fut que la résistance de la base – des communistes, des socialistes, des jeunes rebelles, des travailleurs étrangers, des déserteurs et autres –, quel que fût son courage, se trouva privée de toute chance de succès. Le régime avait été défié de l'intérieur. Mais le coup porté en plein cœur ne s'était pas révélé mortel. Il réagit maintenant avec toute la férocité dont il était capable. Momentanément, en tout cas, il put se regrouper et se consolider à nouveau, retarder sa fin de plusieurs mois tout en prolongeant les souffrances de millions de gens emportés dans le maelström de plus en plus intense de la mort et de la destruction. Hitler et les dirigeants nazis avaient survécu. Mais il n'y avait plus moyen de sortir de l'ornière l'autodestruction dans laquelle ils étaient engagés.

Pour les Allemands ordinaires non plus, il n'y avait pas d'issue. Il allait de soi que le régime était fini. Le seul espoir était que les Britanniques et les Américains tiendraient les bolcheviks à distance. Tandis qu'un nouvel hiver de guerre se profilait, les réactions les plus courantes étaient l'apathie, la résignation, le fatalisme. « Tout cela est du pareil au même pour moi. Je ne puis plus porter de jugement sur la situation. Je vais juste continuer à faire mon boulot, attendre et accepter ce qui arrivera » : cette façon de voir, dont faisaient état les antennes régionales du ministère de la Propagande à l'automne 1944, n'était pas l'apanage de « l'homme de la rue » ; on la trouvait aussi chez des membres du parti, voire chez des cadres, dont certains ne voulaient plus porter les insignes nazis. C'était un signe évident que la fin approchait.

DOCUMENTS

Tous les documents, à l'exception du n° 4, sont tirés de *Germans Against Hitler, July 20, 1944*, publié par le Bureau de presse et d'information du Gouvernement fédéral d'Allemagne, 5e édition, 1969. Les extraits donnés dans le document n° 4 viennent respectivement des Bundesarchiv / Militärarchiv, RH 12-21/8, et de Peter Hoffmann, « Oberst i. G. Henning von Tresckow und die Staatsstreichpläne im Jahr 1943 », *Vierteljahrshefte für Zeitgeschichte*, Heft 2 (2007), p. 358.

1

Fabian von Schlabrendorff,
Récit de la tentative d'assassinat
du 13 mars 1943

Extrait des Mémoires de Schlabrendorff (1907-1980), proche de Tresckow, qui eut un aperçu direct des projets pour tuer Hitler élaborés en 1943 au sein du groupe d'armées centre.

Le 1er septembre 1939, quand Hitler, en tout arbitraire, lança la guerre contre la Pologne, trois préalables décisifs étaient désormais réunis pour entreprendre un coup d'État contre Hitler avec quelque chance de succès :

1. Des liens avaient été noués avec de nombreuses forces hors d'Allemagne, dans le cadre d'un projet qui rendait possible l'interaction de cercles luttant contre le national-socialisme à travers le monde.
2. Le mouvement de résistance d'inspiration chrétienne avait tissé des liens avec l'armée. Ainsi s'était-il mis en position de saisir l'unique instrument permettant de porter un coup mortel au nazisme.
3. Du fait du déclenchement des hostilités, l'armée, en tant qu'instrument d'action désigné, se trouvait libérée des servitudes imposées par les conditions de paix et pouvait agir [...].

Jusqu'en 1942, Tresckow n'était pas demeuré les bras croisés. D'un côté, il n'avait pas ménagé ses efforts pour sensibiliser son commandant en chef, le feld-maréchal von Kluge, à l'idée d'éliminer Hitler. Kluge, en tant que commandant en chef d'un groupe d'armées, devait – c'était le principe de base – se ranger dès le début dans le camp du coup d'État. Ce faisant, il eût exercé une pression considérable sur tous les commandants indécis sur le front aussi bien que dans l'armée de réserve. En même temps, il pourrait commencer par ramener le front est sur une position arrière plus courte et donc plus défendable, comme l'avait réclamé mainte et mainte fois l'état-major général, essuyant à chaque fois un refus de Hitler. Tous les autres groupes d'armées auraient dû nécessairement se joindre à cette entreprise. Tresckow s'efforça aussi de réunir les préalables pratiques de l'amorçage auquel il pensait. Ces préalables étaient les suivants : Hitler devait être amené à quitter son quartier général de Prusse-Orientale et à visiter l'état-major du groupe d'armées central, qui à cette époque se trouvait dans un camp forestier à l'ouest de Smolensk. Tresckow voulait faire venir Hitler dans un cadre qui lui serait étranger mais nous serait parfaitement connu afin de créer une atmosphère propice à l'amorçage. Qu'il fût lié de longue date au principal aide de camp de Hitler, le général Schmundt, était un atout pour Tresckow. Schmundt était un partisan convaincu de Hitler, mais il n'était pas assez malin pour deviner que la demande faite par Tresckow d'une visite de Hitler au QG de Kluge n'était qu'une feinte militaire en vue de déclencher un acte politique de tout autre conséquence. Ainsi fut-il annoncé que Hitler allait rendre visite au feld-maréchal von Kluge, à Smolensk, aux premiers jours de mars 1943.

Au départ, l'affaire en resta là. Hitler se conduisit comme souvent dans les situations de ce genre. Il annonça sa visite, puis l'annula peu avant la date fixée. Après quelques tergiversations, Hitler finit par arriver en avion à Smolensk le 13 mars 1943. Si Kluge avait été alors disposé à suivre son jugement, le tyran eût été éliminé dès mars. Avec son accord, l'élimination de Hitler n'eût pas été très difficile. Le groupe d'armées avait ainsi créé un régiment de cavalerie, dont le commandant, le baron von Boeselager, était des nôtres. Le corps des officiers était choisi de telle façon que Boeselager, qui associait prudence militaire et pugnacité, aurait pu agir. Mais, si Kluge comprenait la situation, la volonté lui manquait. En un mot, il hésita. Il objecta mainte et mainte fois que ni le monde ni le soldat allemand ne comprendrait pareille action à cette date. Il fallait attendre que les événements eux-mêmes suggèrent l'élimination de Hitler. Il n'était donc pas possible d'utiliser d'emblée l'appareil du groupe d'armées pour le complot prévu.

Aussi Tresckow décida-t-il de ne plus perdre de temps, mais de jouer le rôle lui-même. Nous espérions que, une fois l'assassinat accompli, Kluge ne refuserait plus, mais, devant le fait accompli, s'en remettrait à son jugement foncièrement juste. Afin de lui faciliter l'action, à lui comme à tout le commandement militaire, Tresckow mit au point le scénario suivant : au lieu d'abattre Hitler, il s'en débarrasserait en plaçant dans son avion une bombe qui exploserait en vol ; ainsi éviterait-il la réprobation d'un assassinat en laissant croire à un accident [...].

Nos essais achevés avec succès, nous engageâmes les préparatifs immédiats. Le plan de Tresckow en la matière était le suivant : pour être tout à fait sûrs de l'effet, nous prîmes non pas une, mais deux charges explosives, et fîmes un paquet en forme de deux bouteilles de cognac. Puis il nous fallut arranger le paquet de telle façon qu'il fût possible d'amorcer l'explosif à la main sans défaire l'emballage. Le 13 mars 1943, je me chargeai moi-même du paquet ainsi préparé et l'enfermai dans une caisse à laquelle j'étais seul à avoir accès. Pendant ce temps, Kluge et Tresckow se rendirent à l'aéroport de Smolensk pour y accueillir Hitler [...].

Au cours du repas, Tresckow parla avec l'un des compagnons de Hitler, lui demandant s'il voulait bien se charger au retour d'un petit paquet – deux bouteilles de cognac – destinées au général Stieff du haut commandement de l'armée de terre. Il accepta. En début de matinée, comme convenu, je téléphonai au collègue que m'avait désigné Oster, le capitaine Gehre à Berlin, et lui donnai le mot de passe préalablement convenu au sujet de l'amorçage imminent. De Gehre, il passa à Dohnanyi, puis à Oster. Leur mission était de boucler sans délai les préparatifs de la deuxième étape.

Après le déjeuner de Smolensk, Hitler regagna l'aéroport, accompagné de Kluge et de Tresckow. À peu près au même moment, je pris possession de la bombe et me rendis à l'aéroport. J'attendis que Hitler eût fait ses adieux aux officiers du groupe d'armées centre et fût sur le point d'embarquer. Sur ce, j'amorçai la charge et, sur un signe de Tresckow, tendis le colis au colonel Brandt. Il monta dans le même avion que Hitler. Peu après, l'avion de ce dernier et l'avion transportant une partie de sa suite décollèrent en direction de la Prusse-Orientale, accompagnés de plusieurs avions de chasse. Nous regagnâmes nos quartiers. De là, j'appelai de nouveau Gehre à Berlin et lui donnai le mot de passe complémentaire qui informait Dohnanyi et Oster du début de l'opération.

Nous savions que l'appareil de Hitler bénéficiait de dispositifs de sécurité spéciaux, avec diverses cabines isolées. Le siège même de Hitler était blindé et muni d'un système lui permettant de sauter directement en parachute. De notre point de vue, l'explosif était suffisant pour éventrer l'avion. Si, contre toute attente, il n'en était rien, l'explosion détruirait au moins une partie essentielle de l'avion qui ne manquerait pas de s'écraser.

Suivant nos calculs, l'avion devait s'écraser peu de temps avant d'atteindre Minsk, et nous supposions qu'un des chasseurs de l'escorte ne manquerait pas de signaler le crash à sa base. Mais rien de tout cela ne se produisit.

Plus de deux heures après, nous arriva le message que l'avion de Hitler s'était posé sans problème à l'aéroport de Rastenburg et qu'il avait regagné son QG. La tentative d'assassinat avait visiblement échoué.

Nous ne savions pas à quoi attribuer l'échec. J'appelai de nouveau Gehre et lui donnai le mot de passe prévu pour l'échec du complot. Puis Tresckow et moi discutâmes de la conduite à tenir. Nous étions terriblement excités. Il était déjà très dommage que le complot eût échoué, mais la découverte de la bombe ne manquerait pas de nous trahir.

Après mûre réflexion, Tresckow décida de téléphoner au colonel Brandt. Il lui demanda de ne pas remettre le paquet au général Stieff, mais de le garder jusqu'au lendemain : il y avait eu une confusion. Par sa réponse, nous eûmes confirmation que la bombe déguisée en paquet de deux bouteilles de cognac n'avait pas encore été découverte. Nous devions empêcher que le colis fût remis au général Stieff qui, à cette date, ne faisait pas encore partie du complot.

Invoquant un prétexte militaire, je me rendis au QG le lendemain à bord d'un courrier régulier. Sur place, je rejoignis le colonel Brandt au département des opérations et troquai le paquet enfermant la bombe contre un autre colis contenant réellement deux bouteilles de cognac destinées au général Stieff [...].

2

Cercle de Kreisau, « Principes du Nouvel Ordre en Allemagne », 9 août 1943

Exposé crucial des idéaux du groupe, voué au rétablissement de la paix, de la liberté et de la justice. Rédigé par l'un de ses chefs de file, Helmuth James Graf von Moltke (1907-1945), ce texte est le fruit de trois réunions du cercle de Kreisau.

Le gouvernement du Reich allemand voit dans le christianisme la base de la renaissance éthique et religieuse de notre peuple, du triomphe sur la haine et les mensonges et de la création à neuf d'une communauté européenne des peuples.

Le point de départ réside dans la contemplation préordonnée par l'être humain de l'ordre divin, qui lui assure son existence tant intérieure qu'extérieure. Ce n'est que si l'on réussit à faire de cet ordre la mesure des relations entre individus et communautés que l'on pourra surmonter le désordre de notre temps et instaurer une paix véritable. La réorganisation intérieure du Reich est la base de la mise en œuvre d'une paix juste et permanente.

Dans l'effondrement d'une formation de pouvoir qui est sans racines et repose exclusivement sur la maîtrise d'une technique, l'humanité européenne est confrontée à une tâche commune. Le progrès vers cette solution réside dans l'application décisive et active de la substance chrétienne de la vie. Le gouvernement du Reich est donc résolu à atteindre par tous les moyens dont il dispose les objectifs suivants, auxquels on ne saurait renoncer ni intérieurement ni extérieurement :

1. La justice, bafouée ou piétinée, doit être restaurée et retrouver la suprématie sur tous les ordres de la vie humaine. Placée sous la protection de juges scrupuleux et indépendants, soustraits à la crainte des hommes, cette justice sera la base du façonnement futur de la paix.
2. La liberté de confession et de conscience est garantie. Les lois et règlements existants qui bafouent ces principes sont immédiatement abolis.
3. L'élimination des contraintes totalitaires qui pèsent sur la conscience et la reconnaissance de la dignité inviolable de l'être humain sont les fondements du droit et de l'ordre des choses pacifique désiré. Chacun coopère en toute responsabilité dans tous les domaines – social, politique et international – de la vie. Le droit au travail et le droit de propriété sont placés sous la protection de l'État, sans considération de race, de nationalité ou de croyances.
4. La famille est l'unité de base d'une vie collective paisible. Elle est sous la protection de l'État, qui pourvoira, de même qu'à l'éducation, aux biens tangibles de la vie : vivres, habillement, toit, jardin et santé.
5. Le travail doit être organisé de telle façon que, loin d'étouffer la responsabilité personnelle, il en favorise l'épanouissement. Outre la réunion des conditions matérielles du travail et l'amélioration de la formation professionnelle, cela suppose une coresponsabilité effective de chacun dans l'entreprise et, au-delà,

dans les relations économiques générales auxquelles son travail concourt. Ainsi peut-il coopérer à la création d'un ordre de vie sain et durable, qui permettra à l'individu, à sa famille et aux communautés de trouver leur accomplissement organique au sein de sphères d'activités économiques équilibrées. L'ordre économique doit veiller à la satisfaction de ces impératifs élémentaires.

6. La responsabilité politique personnelle de chacun exige sa participation codéterminante à l'auto-administration des petites communautés à taille humaine qu'il convient de rétablir. Fermement enraciné en elles, sa codétermination dans l'État et la communauté dans son ensemble doit être assurée par des représentants élus ; aussi faut-il nourrir en lui la conviction vivante de sa coresponsabilité dans les événements politiques en général.
7. La responsabilité et la fidélité spéciales que chaque individu doit à son origine nationale, à sa langue, à la tradition spirituelle et historique de son peuple doivent être respectées et protégées. Toutefois, il ne doit pas en être abusé à des fins d'accumulation du pouvoir politique, d'abaissement, de persécution et d'élimination de populations étrangères. Le développement libre et pacifique de la culture nationale ne saurait plus aller de pair avec la souveraineté absolue d'un État donné. La paix exige la création d'un ordre qui englobe les différents États. Dès que le libre consentement de tous les peuples concernés est garanti, les partisans de cet ordre doivent aussi avoir le droit d'exiger de chaque individu obéissance, respect et, si nécessaire, de risquer sa vie et ses biens pour la plus haute autorité de la communauté des peuples.

3

Carl Goerdeler, Plan de paix, fin de l'été-automne 1943

Extraits de diverses déclarations programmatiques de Goerdeler (1886-1945), chef de file de la résistance civile conservatrice, visant au rétablissement d'une vie politique fondée sur le droit et les valeurs morales. Dans ce mémoire, Goerdeler plaide pour une Allemagne forte conçue comme un rempart contre la puissance de la Russie.

Nous partons de ces prémisses :

1. Que l'Allemagne doit être moralement et matériellement forte dans l'intérêt du peuple allemand, des peuples de l'Europe et de la paix du monde.
2. Qu'entre l'Angleterre et la Russie il existe des conflits d'intérêt, de l'Asie de l'Est à la Méditerranée, et de la Méditerranée à l'Atlantique Nord, qui reposent sur les circonstances.
3. Que l'Europe a besoin de sécurité contre la force supérieure de la Russie.
4. Qu'à l'heure actuelle cette sécurité ne peut être garantie durablement que par l'Angleterre ou l'Allemagne.
5. Qu'il est douteux que l'Amérique puisse rendre disponibles des forces permanentes pour assurer cette sécurité.

6. Qu'il est donc raisonnable et nécessaire de mettre en œuvre entre l'Angleterre et l'Allemagne la communauté naturelle d'intérêts satisfaisant à tous ces préalables.
7. Que cette mise en œuvre ne saurait être possible que si tous les peuples européens se rassemblent dans une ligue éternelle de paix dans la liberté et l'indépendance, sans que ni l'Allemagne ni aucune autre puissance ne prétende à la suprématie.
8. Qu'aucune nation blanche ne saurait aider le Japon dans son expansion aux dépens d'autres nations blanches ou de la Chine.
9. Et que, de surcroît, le monde entier a besoin de coopération économique pour mettre de l'ordre dans ses finances, assurer l'emploi et restaurer les bases de la prospérité.

L'Allemagne doit rétablir la justice et la dignité chez elle. Elle le doit à son honneur et aux autres. Elle ne peut recouvrer sa santé spirituelle que si elle châtie elle-même ceux qui ont attenté à la loi, ainsi que les atteintes au droit international. Il est donc urgent de mettre en garde contre toute idée de laisser à une tierce partie ou à une cour internationale le soin d'administrer ce châtiment. Même les Allemands qui haïssent et méprisent les atteintes au renom de l'Allemagne perpétrées par des Allemands, et qui sont disposés à prononcer les peines justes – ou plutôt, précisément ces Allemands-là – rejetteront obstinément toute participation d'un tiers à l'administration de ces peines. Les sentiments des populations victimisées sont parfaitement compréhensibles à ces Allemands, au vu des crimes monstrueux, uniques dans l'histoire, que Hitler et ses hommes de main ont commis. Mais la raison et une responsabilité envers l'avenir exigent de faire échec à ces sentiments. Libre à tout le monde, bien entendu, et à tout gouvernement de porter une accusation contre des criminels allemands, et le plaignant sera informé des mesures qui seront prises en conséquence. Il ne saurait y avoir non plus la moindre objection à la présence d'un représentant officiel de la nation victimisée au cours du procès public. De surcroît, la nature publique de ces procès sera garantie, assurant ainsi l'occasion d'en vérifier la sincérité. Après le malheur terrible dans lequel Hitler a plongé le peuple allemand, il ne fait pas de doute que les cours allemandes seront plus enclines à la sévérité qu'à la clémence.

L'importance d'une Allemagne suffisamment forte procède encore une fois de la nécessité de défendre au moins le Reich allemand contre la pression permanente de la gigantesque puissance russe. Cela implique à son tour la nécessité de préserver l'existence territoriale de l'Allemagne qui s'est révélée raisonnable et nécessaire tout au long de l'histoire.

Tout plan de partage de l'Allemagne créera un regain de tension en Allemagne et donc en Europe. Après tout, l'Allemagne se situe au cœur du Continent. S'agissant des frontières de l'Allemagne, voici ce qui est envisagé :

À l'est, à peu près les frontières du Reich en 1914.

Au sud : la frontière reconnue lors de la conférence de Munich de 1938, y compris l'Autriche ; de plus le Sud-Tyrol, région purement allemande, devrait revenir à l'Allemagne jusqu'à la frontière de Bozen-Meran. La domination italienne n'y a créé que rancœur et arriération.

À l'ouest : la question de l'Alsace-Lorraine est très difficile à résoudre. Le calme ne reviendra jamais si l'Alsace-Lorraine, sous son ancienne forme, est accordée à l'Allemagne ou à la France. Il existe deux autres possibilités :

(a) L'Alsace-Lorraine peut devenir un pays autonome, peut-être en s'inspirant de la Suisse.

(b) Ou une commission neutre peut déterminer la frontière linguistique telle qu'elle existait en 1918 et en 1938. La frontière franco-allemande passerait alors entre ces deux lignes. Dans ce second cas, l'Allemagne accorderait une très large autonomie à l'Alsace-Lorraine. Cette concession repose autant sur les circonstances actuelles que sur nos convictions et nos objectifs.

Au nord : la frontière avec le Danemark devrait être déterminée de la même façon qu'à l'ouest.

En tout état de cause, les frontières internes de l'Europe joueront un rôle toujours moins important au sein de la fédération européenne vers laquelle nous devons aller.

Cette communauté territoriale du Reich allemand présuppose une entente avec la Pologne. Pour autant qu'on en puisse juger aujourd'hui, la pérennité de la Pologne suppose que le front allemand à l'est maintienne la frontière orientale de la Pologne en 1938. Si le front s'effondre, la Pologne est perdue au profit de la Russie. Nous comprenons fort bien l'indignation et l'amertume du peuple polonais après tout ce qui est arrivé. Nous éprouverions la même chose. Mais là encore la responsabilité envers l'avenir exige qu'on empêche ces sentiments de jouer un rôle dominant. Ils doivent être subordonnés à des processus ordonnés : châtiment des criminels et réparations par coopération. La Pologne peut recevoir un substitut de la Prusse occidentale et de la Posnanie à travers une union fédérale avec la Lituanie. Cela profiterait aux deux peuples, et la Pologne disposerait ainsi d'un accès à la mer. Une pareille union a de fait existé dans les siècles passés ; elle a volé en éclats sur des questions dynastiques. De telles tensions n'existent plus aujourd'hui, ou elles sont surmontables. De plus, la possibilité existe de garantir les relations avec le commerce et le trafic mondiaux à travers les ports allemands. À l'avenir, les relations de ce genre ne se limiteront plus à des arrangements militaires. Car de l'instauration d'une paix durable dépend la survie de tous les peuples d'Europe ou leur disparition.

Aussi faut-il espérer que progressivement, dans le sillage de ces expériences terribles et douloureuses, la relation entre l'Allemagne et la Pologne trouve une solution. En tout état de cause, nous serons prêts à apporter toute l'aide possible à la Pologne aujourd'hui, pour panser ses blessures, et à l'avenir.

La réparation des dégâts infligés aux Européens et aux autres peuples est impensable. Dès avant la guerre actuelle, Hitler avait contracté d'énormes dettes au nom de l'Allemagne. L'admiration que d'autres peuples ont vouée à Hitler dans ce domaine d'activités a été fatale au peuple allemand. L'Allemagne partage avec le monde entier l'immense fardeau des dettes de cette malheureuse guerre. Mais les destructions causées par cette guerre sont déjà plus amples en Allemagne qu'en aucune autre partie de l'Europe. Il est donc physiquement impossible à l'Allemagne d'engager la reconstruction dans d'autres pays, parallèlement à la reconstruction intérieure, qui demandera plusieurs générations.

Nous suggérons donc un projet dans l'intérêt tant de la détente émotionnelle que de l'aide tangible à l'Europe : une communauté européenne chargée de la reconstruction, à laquelle chaque État européen participerait au prorata de ses ressources.

Nous n'avons rien à dire sur les conflits d'intérêts entre l'Angleterre et la Russie : ils existent. Au XIXe siècle, ils ont été neutralisés à la faveur de l'équilibre des puissances en Europe. Malgré cet équilibre, il y a eu des conflits armés : la guerre de Crimée, par exemple. En 1918, l'Angleterre pouvait accepter à la légère l'humiliation de l'Allemagne, parce que la puissance russe semblait avoir été éliminée durablement. Aujourd'hui, cependant, on ne saurait douter de la récupération de la Russie. Certes, la Russie est elle aussi gravement affaiblie par cette guerre. Mais, étant proche de la nature, le peuple russe compense ces pertes plus rapidement que ne le peuvent les peuples européens plus délicats.

Pour l'heure, la Russie est gouvernée par un système uniformément bolcheviste. Même les Russes ne peuvent fermer les yeux sur le fait que le bolchevisme tue toute aspiration et toute initiative chez l'homme. Aussi ont-ils de plus en plus dilué le communisme. Mais cela arrive après que le peuple a eu le temps de faire l'expérience amère du système sous le communisme. Si la Russie actuelle assied sa suprématie sur l'Europe, les peuples d'Europe centrale et d'Europe de l'Ouest, affaiblis par la guerre, mus par les émotions, confrontés à des tâches presque insurmontables, seront la proie du communisme radical. Ce serait la mort de la culture européenne et de l'Europe elle-même comme entité. Ce serait aussi un grand danger pour l'Angleterre. Mais la Russie sera plus dangereuse encore si elle retrouve progressivement le chemin des vraies lois de l'économie et de l'art de gouverner. Car alors sa puissance ne cessera de croître. La Russie est l'unique pays sur terre qui puisse menacer l'Empire britannique sans grande flotte. Il appartient bien entendu à l'Angleterre d'examiner cette situation et d'en tirer la conclusion qui s'impose à ses yeux dans son intérêt. Nous ne pouvons que donner notre opinion : que tous les peuples européens à l'ouest de la Russie doivent se protéger contre la suprématie et l'hégémonie russes.

Ni la France, ni l'Italie ni une union de petits peuples ne saurait actuellement garantir cette sécurité. L'Allemagne le peut encore, si elle envoie les criminels au diable tant qu'il en est encore temps, les punit, et que l'Angleterre et l'Amérique lui permettent de liquider la guerre avant un effondrement. L'exigence d'une reddition sans conditions est un obstacle à cette issue [...].

L'Allemagne observe avec satisfaction que l'Amérique continuera de s'intéresser aux affaires européennes après cette guerre. L'Allemagne est convaincue que prétendre que l'Amérique cherche à prendre pied en Europe ou en Afrique ne tient pas debout. Nous ne croyons pas non plus réellement qu'en Amérique on imagine un tant soit peu sérieusement d'administrer l'Allemagne avec les forces américaines, de réformer ses écoles ou de refaire de l'Allemagne un pays sain. Si nous, Allemands, qui luttons pour sauver notre patrie d'une faillite morale et physique, étions des matérialistes sans conscience, nous pourrions accepter calmement cette intention américaine, qui nous a été communiquée plus d'une fois. Car il apparaîtrait vite que c'est une solution coûteuse pour l'Amérique, dangereuse et finalement irréalisable. Autrement dit, l'Amérique assumerait la responsabilité totale de la misère en Allemagne et de la reconstruction du pays, et soulagerait ainsi l'Allemagne de ce fardeau. Or, pour des raisons idéalistes, nous rejetons fermement l'idée qu'un autre peuple se charge de notre santé [...].

Il ne faut pas non plus perdre de vue que l'Amérique ne contribuera pas éternellement à la sécurité de l'Europe contre la Russie. Et il nous semble donc que l'heure est enfin venue de réaliser la communauté d'intérêts pour laquelle des Anglais clairvoyants et des Allemands intelligents se battent depuis plus de cinquante ans [...].

Il nous semble que l'union des Européens dans une fédération européenne est indispensable. L'objectif d'un tel dispositif doit être de sauvegarder l'Europe contre toute répétition d'une guerre européenne. Toute guerre européenne est un suicide pur et simple. L'heure est venue de traduire cette pensée idéaliste en réalité car la réalité de la situation conforte l'idéal.

Nous recommandons de procéder par étapes :

Un conseil économique européen, qui siégerait en permanence, devrait se préoccuper d'abord d'éliminer les obstacles au commerce, de mettre en place des règles de circulation et des règles commerciales uniformes, de supprimer les frontières douanières, etc. Quand ce processus sera assez avancé, seront fondées des organisations politiques communes ; par exemple :

— un ministère européen de l'Économie
— une armée européenne
— un ministère européen des Affaires étrangères.

Il ne sera pas difficile de s'entendre sur les détails. Nous sommes prêts à tous les degrés de coopération, y compris à une méthode plus rapide si elle se révèle utile. En tout cas, l'indépendance et la liberté de décision de chacun des pays-membres forment la seule base possible d'une communauté européenne.

La paix en Europe doit être assurée par un processus d'arbitrage, où toutes les décisions se fondent sur le consentement commun [...].

Au-delà de l'Union des peuples européens, le monde a besoin de la coopération de tous les peuples. À défaut, telle ou telle grande nation sera exposée au marasme, au chômage et à la pauvreté. Cette détresse d'un pays ne manquera pas, à son tour, d'avoir des répercussions sur les autres. La coopération exige que, pour commencer, chaque pays mette de l'ordre dans ses finances. Car la solidité des finances publiques est le premier préalable d'une devise stable. La stabilité des monnaies est à son tour la condition *sine qua non* du rétablissement du commerce mondial. En principe, ce commerce devrait être aussi libre que possible – les modalités devant en être débattues et précisées. Afin d'accélérer cette évolution, une banque mondiale est nécessaire. Nous avons pris connaissance avec grand intérêt des suggestions anglaises et américaines en ce domaine, et nous y voyons une bonne base sur laquelle nous sommes assurément disposés à coopérer.

Quant à la future constitution politique de l'Allemagne, nous pouvons dire certaines choses avec certitude et en esquisser d'autres à grands traits.

Cet État futur garantira à nouveau les droits et la liberté de l'individu ; il rétablira la liberté de conscience, la liberté de pensée, la liberté de la presse ; il sera fondé sur la participation et le contrôle démocratiques. Mais il doit aussi tenir compte des leçons du passé. Les institutions démocratiques ne sauraient être mises en place qu'en prenant des mesures pour restaurer une base légale, punir les criminels et rendre sa maturité politique au peuple allemand. Nous ne saurions dire encore de quel type d'organisation politique au sommet l'Allemagne sera pourvue. Il est clair à nos yeux que seule une monarchie parlementaire peut assurer à l'Allemagne une tranquillité intérieure au plus vite et la préparer à ses tâches coopératives. Mais nous ne savons pas comment l'opinion populaire évoluera sur cette question.

L'essentiel est que l'Allemagne rompe sans équivoque avec le centralisme et restaure la bonne et robuste administration locale des communautés, des districts administratifs et des *Länder*. La Prusse fusionnera avec le Reich. Les provinces prussiennes cesseront d'exister. Les *Länder* mis en place jouiront d'une large autonomie, tout comme les communautés. De ce fait, le rôle du gouvernement central du Reich et de la représentation politique centrale se réduira au strict nécessaire pour assurer la cohésion du Reich lui-même.

Nous sommes profondément convaincus que le monde entier aspire à la paix et à une authentique tranquillité. En Allemagne, l'étouffement de ces sentiments depuis dix ans a considérablement nourri et approfondi les convictions religieuses. La foi chrétienne et sa doctrine resteront notre pierre angulaire et notre principe directeur dans toutes les affaires politiques intérieures et extérieures. Nous estimons nécessaire que notre politique étrangère se fonde sur l'éthique chrétienne et soit en harmonie avec elle.

4

Extraits de l'ordre Walkyrie du 26 mai 1942 : l'intention première était de prévenir un soulèvement intérieur, impliquant probablement les travailleurs étrangers en Allemagne. L'ordre était signé par Olbricht, représentant le général Fromm, commandant de l'armée de réserve.

Chef du matériel de l'armée de terre et Commandant de l'Armée de réserve, 26 mai 1942
Sujet : Commandement secret
Ref. Walkyrie II [...]
Général

Dans l'éventualité d'une menace surprise et d'autres urgences, la *préparation à l'action de l'Armée de réserve* ou de parties de celle-ci au gré de la situation à des fins de déploiement local, à l'intérieur ou dans les régions frontalières, doit être garantie. Les préparatifs et l'exécution ont pour mot de passe « Walkyrie II » [...]

XI. *Secret.* Le cercle des personnes impliquées dans le travail préparatoire doit être aussi restreint que possible. Sous aucun prétexte des administrations ou des personnes étrangères à la Wehrmacht ne doivent recevoir des informations sur les intentions ou les préparatifs.

[signature]
sur ordre de
Olbricht [signature manuscrite]

Extrait du plan Walkyrie, avec le préambule désormais amendé pour servir de justification à la tentative de coup d'État, mis au point par le colonel Henning von Tresckow, entre le 7 septembre et le 10 octobre 1943. Ce document et d'autres, en relation avec cet épisode, ont été récemment découverts à Moscou. (Le plan de Tresckow envisageait l'occupation des QG de Hitler, de Himmler, de Göring et de Ribbentrop en Prusse-Orientale. L'évolution rapide de la situation nécessita des révisions du plan au cours des mois suivants.)

Quartier général

1) Des éléments séditieux de la SS et du Parti tentent, en exploitant la situation de combat acharné sur le front est, de donner un coup de poignard dans le dos et de s'emparer du pouvoir à leurs propres fins.
2) Afin d'instaurer la paix, la sécurité et l'ordre, l'état d'urgence militaire a été proclamé et le pouvoir exécutif remis au commandant en chef de la Wehrmacht. [...]

5

Calendrier pour le groupe de la Bendlerstrasse, avec ordres en vue du soulèvement

Compte tenu de la confusion qui suivit l'attentat manqué, il ne fut guère possible d'appliquer comme prévu le minutieux plan logistique de coup d'État, probablement élaboré, comme le pensa la Police de Sécurité, par le lieutenant Werner von Haeften, l'aide de camp de Stauffenberg.

Calendrier

Commandant de l'armée de réserve	QG III
jour x-1	Répétition de Walkyrie (ordre n° 1) à l'école des troupes blindées, à l'école d'infanterie de Döberitz, à l'école d'aspirants officiers de Potsdam, à l'école d'officiers de Potsdam
jour x	(1) Transmission des ordres de base au QG de commandement
	(1) Ordre de base transmis. Le général Olbricht informe le chef du QG de commandement III
heure x	(2) Ordre à toutes les sections du QG III
heure x	(2) Ordre de marche au commandant de Berlin (ordre n° 2)

plus tard	(3) Ordre au commandant de Berlin (ordre n° 3)
heure x	(4) Ordre de marche au commandant de l'école des troupes blindées (ordre n° 4)
plus tard	(5) Ordre au commandant de l'école des troupes des forces blindées (ordre n° 5)
	(6) Retour du commandant de Berlin et de l'école des troupes blindées au QG III

Ordre n° 1
Répétition de Walkyrie dans les écoles
à donner le jour x-1

Ordre n° 2

1. Ordre au commandant des forces armées de Berlin (à donner par téléphone à l'heure x)

(1) Troubles intérieurs, proclamation de la loi martiale, pouvoir exécutif donné à l'armée.

(2) Bataillon de la garde de Berlin, immédiatement, avec toutes les unités disponibles, à la garnison des forces armées, QG de Berlin, *Unter den Linden* 1.

(3) Commandant de Berlin, avec le chef adjoint de l'état-major opérationnel, immédiatement, pour recevoir des ordres, au chef du matériel de l'armée de terre, commandement de l'armée de réserve, *Bendlerstrasse* 11-13.

(4) Alarme adressée à toutes les unités de la garnison de Berlin (Walkyrie, etc.) avec priorité à (a) garnison de Spandau, (b) école des armements et du matériel.

(5) 270 tonnes de capacité de convoi motorisé à Bernau disponible pour mouvement.

Ordre n° 3

2. Ordres au commandant de garnison des forces armées, Berlin (à remettre au commandant en personne et à discuter avec lui)

(1) La situation est la suivante...

(2) Le bataillon de la garde de Berlin en action immédiate pour bloquer le quartier du gouvernement à Berlin : rues *Dorotheen, Friedrich, Koch, Anhalter, Saarland, Bellevue, Lenné* et *Hermann Göring*.

Mission : personne, pas même un ministre, ne peut entrer ou sortir du quartier sous blocus. En cas d'opposition, usage des armes. Fermeture des stations de métro du quartier. Toute autre forme de trafic détourné ou évacué de la zone condamnée. Toutes les personnes de la zone condamnée doivent rester à l'intérieur. Le ministère de la Propagande, sur la Wilhelmplatz et le siège central de la SS (*Albrechtstrasse*) doivent être particulièrement surveillés.

Le ministre du Reich Goebbels doit être arrêté.

Le commandant doit donner aussitôt ses ordres à la garnison par téléphone afin de ne pas perdre un instant.

(3) Le blocus sera renforcé par deux bataillons de l'école des troupes blindées, qui arriveront tout de suite.

(4) Le commandant de Berlin lui-même reçoit de nouveaux renforts en mobilisant Walkyrie et les unités d'alarme dans sa zone (garnison de Spandau, école des armements et du matériel).

Un rapport sur l'exécution du projet de blocus doit être adressé au commandant de l'armée de réserve, au chef du bureau général de l'armée de terre et au QG III, dépt. I–A.

(5) Les points suivants doivent être occupés :
(a) Autorités suprêmes du Reich (PJ 1).
Priorité n° 1 à I–a, 5–c,
ministère de la Propagande, siège central de la SS (*Hermann-Göring-Strasse, Albrechtstrasse* et *Kaiserallee*),
Direction du *Gau* de Berlin (*Vos-Strasse*),
Direction des Jeunesses hitlériennes (*Kaiserdamm* 45),
Affaires étrangères,
Résidences du ministre du Reich[1] (*Schwanenwerder* et *Lanke*).
(b) Installations de communications (PJ 2)
Priorité n° 1 :
Central téléphonique de Berlin (*Winterfeldstrasse*)
Bureau central du télégraphe (*Oranienburgstrasse*)
QG central de la SS (*Albrechtstrasse*)
Poste centrale (*Ringbahnstrasse*)
(c) Journaux et presse (*Kochstrasse*)
(6) Les lieux suivants sont déjà occupés par d'autres unités du commandement du QG III ;
Station de radio de Tegel, tour émettrice et locaux (*Masurenalle*).
Ces unités sont nécessaires au QG III, et doivent être mises à disposition par le commandant de Berlin.
(7) Ordre doit être donné à la police de coopérer avec l'armée. La police assurera un blocus et contrôlera la circulation sur l'*Autobahn*.
(8) Après l'arrivée au QG de troupes suffisantes et des officiers et officiels en charge désignés, des détachements doivent être envoyés aux bureaux des diverses

1. Goebbels.

autorités du Reich (n° 5) afin d'arrêter les dirigeants. Des officiers des Transmissions sont affectés aux communications.

(9) Après les arrestations, toutes les personnes sans intérêt pour l'opération qui se trouveraient dans le secteur condamné doivent en être évacuées. Les personnes devant franchir les points de contrôle plus d'une fois doivent recevoir des laissez-passer des QG du poste. On ne doit pouvoir quitter la zone interdite que par un point (par exemple, *Unter den Linden*, en direction du palais).

(10) Le commandant du service des patrouilles motorisées de l'armée de terre est subordonné au QG des forces armées de Berlin.

(11) Par camion, depuis Brandebourg, 50 hommes de la division de Brandebourg sont acheminés au QG de la garnison des forces armées de Berlin.

(12) Unités SS et régiment Hermann Göring.

(a) Un détachement sous la direction d'un général est dépêché auprès de la garnison SS de Berlin afin d'assurer l'incorporation de la Waffen-SS dans l'armée et transmettre les ordres à cet effet aux unités blindées SS.

(b) Le régiment Hermann Göring de Tegel doit recevoir cet ordre du QG de la garnison des forces armées : troubles intérieurs, le régiment Hermann Göring doit rester en état d'alerte dans sa caserne. Commandant avec adjoint au QG de la garnison des forces armées, Berlin, *Unter den Linden* 1, pour recevoir d'autres ordres.

(13) Tous les faits importants, succès et incidents doivent être rapportés au chef du matériel de l'armée de terre, commandant de l'armée de réserve, chef de l'office général de l'armée de terre et du QG III, Dépt. I–A.

Ordre n° 4

Ordre à l'école des troupes blindées (Krampnitz-Gross Glienicke)

(Avec l'heure X par téléphone au commandant de l'école des troupes blindées, le colonel Gorn).

(1) Troubles intérieurs, proclamation de la loi martiale, pouvoir exécutif à l'armée.

(2) Commandant de l'école des troupes blindées avec les trois bataillons Walkyrie de l'école et les unités Walkyrie subordonnées des autres cours de formation des aspirants officiers de l'infanterie, Potsdam (un bataillon avec cinq compagnies) et l'école de sous-officiers, Potsdam (un bataillon avec trois compagnies), se rendent immédiatement en convoi motorisé au quartier de Berlin *Tiergarten-Bendlerstrasse.*
Commandant, rapport devant les troupes au chef du matériel de l'armée, commandant de l'armée de réserve, Berlin W, *Bendlerstrasse* 11.

(3) Une forte unité de combat (une compagnie de blindés et une compagnie d'infanterie motorisée), placée sous une direction énergique, doit prendre par surprise :
Les stations de radio Königswusterhausen et Zeesen (près Königswusterhausen).
Il faut venir à bout de la résistance par la force des armes (actuellement, Zeesen est occupée par une compagnie de Waffen-SS). Hors de question de faire des émissions politiques. Tenir les stations émettrices jusqu'à l'arrivée de renforts. Occupation des stations : rapport à adresser au QG III, Dépt. I– A.

(4) Un convoi de véhicules motorisés de 170 tonnes en provenance de Kanin (à 24 kilomètres au sud-ouest de Potsdam) est à disposition.

Ordre n° 5

Au commandant de l'école des troupes blindées (après l'arrivée au QG du chef du matériel de l'armée de terre).

(1) Deux bataillons en renfort du bataillon de la garde de Berlin (fermant le quartier du gouvernement) sont subordonnés au chef de la garnison des forces armées de Berlin.

(2) Le gros des unités placées sous la direction du commandant de l'école des troupes blindées se charge de la protection du chef du matériel de l'armée de terre, commandant de l'armée de réserve (immeuble *Bendler*) et demeure à la disposition du QG III pour missions flexibles.

(3) Téléphone, dépt. 1–A, QG III.

(4) Reconnaissance au sud, aux casernes des Waffen-SS de Lichterfelde et de Lankwitz.

(5) Une compagnie (le cas échant, une unité blindée rapide) prête à la demande à rejoindre le commandant et le commandant de l'armée de réserve à l'aéroport de Tempelhof.

(6) Une compagnie équipée d'armements lourds demeure prête à intervenir pour envoi au commandant de la garnison SS, Berlin.

Instructions pour la conduite envers les Waffen-SS.

(1) Au départ, bloquer tous les accès à la caserne des SS. Mettre en position des armes lourdes.

(2) Préparer des patrouilles à des interventions armées soudaines.

(3) Envoyer un officier à poigne avec un officier d'escorte à la garde principale, pour demander le SS le plus haut gradé (de nuit, l'officier de service). Si possible, ne pas entrer dans le bâtiment. Les messagers accompagnateurs restent à l'entrée des casernes et

gardent un contact visuel avec les troupes des alentours.

(4) Voici ce qu'il convient d'annoncer au chef SS :
Le Führer est mort. Une petite clique de chefs du parti non-combattants dénués de scrupule a tenté un coup d'État. La loi martiale a été proclamée, et le pouvoir exécutif a été transmis aux commandants du QG.
Avec effet immédiat, la Waffen-SS doit être fusionnée avec l'armée et subordonnée aux commandants des QG des zones d'action. Leurs troupes doivent rester dans leur cantonnement jusqu'à nouvel ordre et s'abstenir de toute action. À moins que cet ordre ne soit exécuté, les troupes qui ont entouré leurs quartiers et sont prêtes à ouvrir le feu avec des armes lourdes utiliseront tous les moyens pour imposer l'ordre. Je dois vous demander de donner les ordres nécessaires, d'ici, en ma présence.

(5) En cas de refus ou de résistance, le chef SS doit être abattu, la garde désarmée et toute l'unité SS tenue de déposer les armes.

(6) Si les unités SS ont déjà été alertées et avancent ; elles doivent être arrêtées et renvoyées dans leurs casernes en usant de la notification sus-indiquée. Au moindre signe de résistance, le recours aux armes doit être implacable.

(7) Les SS ayant exécuté l'ordre, vos propres troupes restent devant les casernes en attendant les instructions du QG III, avec lequel la liaison est maintenue ; ou jusqu'à confirmation officielle de l'incorporation des SS dans l'armée.

6

Rapport de la SS sur le complot, 26 juillet 1944

En moins d'une semaine, la commission spéciale de la Police de Sécurité chargée d'enquêter sur le complot contre Hitler fut à même de présenter cette reconstitution minutieuse des événements précédant et suivant immédiatement la tentative d'assassinat.

Direction centrale de la sûreté du Reich [1] – IV –
Commission spéciale pour le 20 juillet 1944
Berlin, 26 juillet 1944

Rapport sur le complot du 20 juillet 1944 contre le Führer

Le 20 juillet 1944, autour de 12 h 50, une explosion s'est produite à la Wolfsschanze [2], Zone réservée A, baraques des visiteurs, au cours d'un briefing. Le Führer s'en est tiré avec des blessures superficielles, quoique dans le voisinage immédiat du centre de l'explosion. [...]

II

Juste après que le complot a été connu, le Reichsführer SS a nommé une commission spéciale de la

1. RSHA : *Reichssicherheitshauptamt*.
2. Tanière du Loup.

Direction centrale de la sûreté du Reich pour enquêter sur l'attentat. L'enquête a commencé le même jour.

Le Reichsführer SS a observé, en précisant les circonstances, que l'auteur de l'attentat était vraisemblablement Graf von Stauffenberg, colonel, chef d'état-major au cabinet du commandant de l'armée de réserve. Présent au briefing, il s'était ensuite retiré sans prévenir avant l'explosion. Juste après, il a pris l'avion pour Berlin.

III

Le lieu précis de la tentative d'assassinat est la salle de conférence où se déroulaient les briefings quotidiens, environ 12 mètres de long sur 4,5 de large. Au centre de la pièce, se dresse une grande table de cartes ; à gauche, un bureau et une radio-phonographe. La pièce et tout le mobilier fortement endommagés. À droite de l'entrée, un trou de 67 cm dans le sol. Dans un rayon plus large, sol enfoncé et carbonisé. Points d'impact de fragments métalliques non détectables, mais éclats de bois et fragments de cuir impactés dans les murs en panneaux fibreux.

Le cratère de la bombe indique que l'explosion s'est produite au-dessus de la surface du sol. Les fragments reconstitués de la section droite des trois sections de la table indiquent clairement la direction de l'onde de pression. Elle est indiquée sur les photographies et les croquis.

L'onde de pression inférieure de la détonation s'est propagée par les cavités sous le sol à tous les baraquements et a causé des dégâts mineurs à la structure de brique et de ciment des bâtiments, en particulier du fait d'une déformation vers le haut du sol. L'onde de pression supérieure a largement détruit la salle de conférence et a trouvé une issue par la fenêtre et la porte ainsi que par une cloison. Le passage au crible des gravats a permis de découvrir d'infimes fragments de cuir et de métal, manifestement d'une serviette ; de morceaux de tôle et de deux ressorts à compression de percuteurs de fusée à retardement chimico-mécanique anglaise ; ainsi qu'une partie de tenailles en fer plates. D'autres matériaux découverts n'ont pas de lien évident avec les explosifs.

Sur la route conduisant de la sortie sud à l'aéroport, une unité de recherche technique a découvert : une masse d'explosifs de 975 grammes, avec deux chambres d'amorçage de 20 grammes chacune et un percuteur de fusée à retardement chimico-mécanique anglaise, lié à une amorce de détonateur anglais et réglé sur un retard de trente minutes. L'explosif était enveloppé dans du papier d'emballage marron.

Rapport médical : blessures et contusions exclusivement attribuées à l'effet de souffle. De plus, blessures considérables. Dans plusieurs blessures, des fragments de bois, de paille et, vraisemblablement, de cuir déchiqueté. Des photographies aux rayons X ne révèlent que deux petits éclats de métal, vraisemblablement de la fermeture d'une serviette.

IV

Des témoins ont reconnu dans les fragments de cuir découverts des restes de la serviette de Stauffenberg. De petits bouts d'igniteurs découverts sur le lieu de l'explosion viennent de deux igniteurs du même type que les deux percuteurs de fusée à retardement chimico-mécanique anglaise retrouvés sur la route. Comme deux ressorts à compression de ce type de fusée à retardement ont été retrouvés sur les lieux de l'explosion, la charge explosive devait contenir deux igniteurs de ce type. L'explosif employé pour l'attentat était donc vraisemblablement à tous égards de même nature que celui qui a été retrouvé. D'après le rapport de l'expert en explosifs, l'ampleur des dégâts à l'endroit de l'explosion correspond au pouvoir potentiel de l'explosif qui a été découvert.

Le chauffeur qui a conduit Stauffenberg à l'aéroport l'a vu jeter un objet par la fenêtre dans le coin de la découverte, et le chauffeur a fait une déclaration écrite sous serment. La complicité de Stauffenberg a donc été objectivement établie.

V

En qualité de chef d'état-major relevant du colonel-général Fromm, Stauffenberg a participé à diverses reprises aux briefings du QG du Führer. La situation locale lui était donc connue. Il a atterri à l'aéroport de Rastenburg le 20 juillet 1944 à 10 h 15. Le général de division Stieff, chef du département organisation du haut-commandement de l'armée de terre, et le lieutenant von Haeften, aide de camp de Stauffenberg, sont arrivés en même temps. Stauffenberg s'est rendu directement à la *Wolfsschanze*, Stieff aux quartiers du haut-commandement de l'armée de terre, von Haeften d'abord avec Stieff est allé plus tard retrouver Stauffenberg à la *Wolfsschanze*.

Stauffenberg a pris un petit déjeuner au mess des officiers avec le commandant, avant d'être appelé à la discussion prévue avec le général Buhle. Le général von Thadden, chef d'état-major au commandement du district militaire 1, Königsberg, a également participé à la réunion.

Après quoi Buhle, von Thadden et Stauffenberg se sont rendus à une conférence avec le feld-maréchal Keitel.

Pendant tout ce temps, Stauffenberg a gardé sa serviette avec lui. Quand toutes les personnes mentionnées ont été prêtes à quitter le bunker de Keitel pour le briefing à 12 h 30, Stauffenberg s'est éclipsé un moment avec sa serviette dans la pièce à côté, si bien que les autres messieurs ont dû l'attendre. Vraisemblablement il en a profité pour enfoncer les fusées à retardement, sans doute en s'aidant des tenailles ; étant privé de sa main droite et de deux doigts à la main gauche, il lui eût été difficile d'enfoncer les fusées à retardement sans un tel outil. Dans la salle de conférence, il a été indiqué au Führer que Stauffenberg avait été convié au briefing, et le Führer l'a salué. Après quoi, Stauffenberg est allé à la table des cartes, glissant sa serviette sous la table, à la droite du colonel Brandt. Après un court instant, il a quitté la salle de briefing ainsi que la Zone réservée A.

Stauffenberg, qui aurait dû donner des renseignements lors du briefing, s'était éclipsé dès avant l'explosion. Le général Buhle l'a recherché. Après la détonation, l'opérateur du téléphone, le sergent Adam, a rapporté qu'il avait vu Stauffenberg se retirer peu après le début du briefing. Probablement est-il l'auteur de l'explosion, a dit le sergent.

Des autres enquêtes et interrogatoires sont apparus les éléments suivants : vers midi, le général Fellgiebel, commissaire général pour le système des transmissions, s'est présenté au bureau de l'officier de transmission des forces armées au QG du Führer (lieutenant-colonel Sander) afin de discuter avec lui de plusieurs affaires officielles. Fellgiebel et Sander ont commencé par se rendre ensemble chez le lieutenant-colonel Waizenegger de l'état-major du général Jodl, en raison de diverses questions de radio. Puis Fellgiebel et Sander ont regagné le bureau du second au bunker 88.

Vers 14 h 30, ils ont remarqué que le feld-maréchal Keitel, accompagné de Stauffenberg et d'autres, se rendait au briefing.

Pour s'assurer que Stauffenberg se rendrait chez le général Fellgiebel après le briefing, Sander a téléphoné au sergent Adam de prier Stauffenberg de se rendre au bunker 88 après le briefing.

Peu après, le lieutenant Haeften s'est présenté au bureau de Sander et a demandé à Fellgiebel de l'aider à obtenir une voiture, car le colonel Stauffenberg devait repartir immédiatement. Aussi Sander a-t-il appelé le poste de commandement pour demander un véhicule. À ce moment-là, le poste a demandé de rappeler à Stauffenberg qu'il était attendu à déjeuner par le commandant, le lieutenant-colonel Streve, en présence également du général von Thadden.

Tandis que cette conversation téléphonique se poursuivait, Stauffenberg avait jeté un coup d'œil dans la pièce et s'était présenté au général Fellgiebel, se déclarant d'ores et déjà disponible pour leur discussion. Fellgiebel et Stauffenberg sont alors sortis devant le bunker et ont discuté des fortifications à l'est. Sander les a rejoints pour dire qu'une voiture arrivait, ajoutant que Stauffenberg était attendu à déjeuner chez le commandant. Sur ce, Stauffenberg a dit au lieutenant-colonel Sander qu'il devait retourner une fois de plus au briefing, puis se rendrait au déjeuner. Il a aussi fait observer qu'il avait une voiture à sa disposition. Sander en avait informé le QG en conséquence et était retourné devant le bunker quand la détonation s'est produite. À ce moment-là, Sander a observé une très grande nervosité chez Stauffenberg. Alors que Fellgiebel, perplexe, demandait de quoi il retournait, Sander a déclaré, sans vraiment réfléchir, qu'il arrivait que quelqu'un tire un coup de fusil ou qu'une mine saute.

Sur ce, Stauffenberg a dit qu'il ne retournait pas au briefing, mais qu'il allait plutôt déjeuner avec le lieutenant-colonel Streve. Il est parti en voiture avec von Haeften, en fait en direction de l'aéroport.

Le poste de garde n° 1 a partiellement remarqué ce qui se passait dans les baraquements des visiteurs, si bien que le lieutenant de service a ordonné la fermeture des barrières. En conséquence, Stauffenberg a été arrêté par la garde. Il a déclaré au commandant de la garde qu'il devait se rendre d'urgence à l'aéroport. Comme son laissez-passer était en ordre et qu'il était de plus connu du commandant de la garde, ce dernier l'a laissé partir ; d'autant que l'alarme générale n'avait pas encore été sonnée ; elle ne l'a été qu'une minute trente plus tard. Au poste de garde extérieur sud, Stauffenberg a été de nouveau arrêté. Il s'est rendu chez le chef de la garde, le sergent Kolbe, auquel il a déclaré qu'il devait à tout prix se rendre tout de suite à l'aéroport. Loin d'être convaincu, Kolbe a indiqué les barrières fermées. Puis Kolbe a téléphoné au QG, à la demande de Stauffenberg, et s'est mis en contact avec l'officier adjoint, le capitaine de cavalerie von Möllendorf, en l'absence du commandant, qui était sur les lieux de l'explosion. Stauffenberg a déclaré à Möllendorf qu'il avait reçu du commandant l'autorisation de quitter la zone de sécurité, et qu'il devait quoi qu'il en soit décoller à 13 h 15. L'adjoint, qui ne savait pas pourquoi l'alarme avait retenti, mais savait que le colonel Stauffenberg était autorisé à se trouver à la *Wolfsschanze* a consenti, sur la foi de ce que lui a dit Stauffenberg, au départ du colonel et a confirmé son accord par téléphone au sergent Kolbe.

Dans cette situation, il faut prendre en considération que :

1. L'alarme retentit assez souvent.
2. Les papiers de Stauffenberg étaient en ordre.
3. Stauffenberg étant connu comme un combattant gravement handicapé et un officier d'excellente réputation, von Möllendorf n'avait *a priori* aucune raison de se méfier.

Stauffenberg a aussi franchi le poste de garde sud et s'est envolé à 13 h 15 de l'aéroport de Rastenburg pour Berlin-Rangsdorf. L'enquête sur l'origine de l'appareil a établi qu'il a été mis à la disposition de Stauffenberg sur ordre du général Wagner, intendant général de l'armée de terre, en accord avec la 1re antenne de liaison aérienne, Berlin, depuis l'aéroport de Lötzen. En tout état de cause, l'appareil devait se rendre à Berlin.

VI

À la lumière du rapport ci-dessus, on peut considérer que les circonstances de la tentative d'assassinat, ainsi que de l'arrivée et du départ de l'auteur, ont été objectivement établies.

On ne saurait en conclure que les mesures de sécurité en place pour se prémunir contre de telles tentatives aient été en l'occurrence mises en échec ; car la possibilité n'avait pas été prise en compte qu'un officier de l'état-major général convoqué à un briefing se livre à un crime pareil.

L'incident exige toutefois qu'on s'interroge sur les mesures de sécurité futures à prendre pour la protection du Führer en toutes circonstances. En conséquence, des propositions relatives aux mesures de sécurité seront soumises séparément, comme convenu avec la Direction de la sûreté du Reich.

7

Messages de Witzleben et de Stauffenberg envoyés par télétype à la Bendlerstrasse, 20 juillet 1944

Il s'agit des premiers ordres – de Witzleben, désigné commandant en chef du régime post-hitlérien, et de Stauffenberg (au nom de Fromm) – expédiés par les chefs de file du coup d'État après le retour de Stauffenberg du QG du Führer ; leur efficacité diminua à vue d'œil dès que l'on sut que Hitler avait survécu.

Télétype 1

— FRR – HOKW 02150 20.7.44, 16.45
FRR au QG XII – secret –
Troubles intérieurs

I. Une clique de dirigeants du parti non-combattants et sans scrupule a tenté d'exploiter la situation pour donner un coup de poignard dans le dos du front profondément engagé et s'emparer du pouvoir à des fins intéressées.

II. En cette heure du plus haut danger, le gouvernement du Reich a proclamé la loi martiale et, dans le même temps, m'a délégué le pouvoir exécutif suprême des forces armées.

III. En conséquence, j'ordonne ce qui suit.

1. Je transfère le pouvoir exécutif – avec le droit de procéder à d'autres délégations au profit des commandants territoriaux – dans la Zone de l'Intérieur au commandant de l'Armée de réserve, nommé par la même occasion commandant en chef de la Zone de l'Intérieur.
   Dans les régions occidentales occupées, au commandant en chef Ouest (commandant en chef du groupe d'armées D), en Italie au commandant en chef Sud-Ouest (commandant en chef du groupe d'armées C), dans le Sud-Est au commandant en chef Sud-Est (commandant en chef du groupe d'armées F), dans les territoires occupés de l'Est, aux commandants en chef des groupes d'armées Sud-Ukraine, Nord-Ukraine, Centre, Nord et au commandant des forces armées *Ostland* pour leurs zones de commandement respectives ; au Danemark et en Norvège aux commandants des forces armées.
2. Aux détenteurs du pouvoir exécutifs sont subordonnés :

(a) Tous les services et unités des forces armées, y compris les unités blindées SS, le Service du travail du Reich et l'Organisation Todt, qui relèvent de leur zone de commandement.

(b) Toutes les autorités publiques (du Reich, des *Länder* et des collectivités), en particulier toutes les forces de police, y compris les forces de maintien de l'ordre, les forces de sécurité et celles nécessaires à l'administration.

(c) Tous les responsables et formations du parti national-socialiste et des organisations qui lui sont affiliées.

(d) Les opérations de transport et de ravitaillement.

3. La totalité des unités blindées SS sont incorporées au sein de l'armée de terre ; cet ordre prend effet immédiatement.
4. Les titulaires du pouvoir exécutif sont responsables du maintien de l'ordre et de la sûreté publique. Ils sont notamment chargés de :
(a) La sécurité des installations de transmission.
(b) L'élimination du SD. Toute résistance au pouvoir exécutif de l'armée doit être brisée indépendamment des conséquences.
5. En cette heure du plus grand danger pour la patrie, l'ordre suprême est la solidarité des forces armées et le maintien de la discipline dans toute sa rigueur.
En conséquence, je charge tous les commandants de l'armée de terre, de la marine et des forces aériennes d'épauler les détenteurs du pouvoir exécutif dans l'accomplissement de leur tâche difficile par tous les moyens qui sont à leur disposition, et de s'assurer que leurs ordres sont obéis par les organes qui leur sont subordonnés. Le soldat allemand est confronté à une tâche historique. De sa détermination et de son attitude dépendra le salut de l'Allemagne.
La même responsabilité incombe à tous les commandants territoriaux, au haut-commandement des branches des forces armées ainsi qu'aux autorités de commandement immédiatement subordonnées de l'armée de terre, de la marine et de l'aviation qui relèvent directement des commandants en chef.

Le commandant en chef des forces armées

Signé : v. Witzleben, feld-maréchal

Télétype 2

— Kr – HOKW 02155 20/07/44, 18h00
aux QG I-XIII, XVII, XVIII, XX, XXI
QG du gouverneur général de Bohême-Moravie.
Secret !

I. En vertu de l'autorité qui m'a été conférée par le commandant en chef des forces armées, je remets le pouvoir exécutif aux généraux et à leurs adjoints dans leurs secteurs de commandement respectifs.

II. Les mesures immédiates suivantes doivent être prises :

(a) Installations de transmission. Les principaux locaux et installations de la poste et du réseau de transmission des forces armées (y compris les installations de radio) doivent être militairement sécurisés. Les forces affectées à cette tâche doivent être assez fortes pour empêcher les interférences et les sabotages. Les principaux centres de transmission doivent être occupés par des officiers ; doivent être sécurisés en particulier : stations d'amplification, centres de communication du réseau opérationnel de l'armée de terre, émetteurs haute puissance (postes de radiodiffusion), les centraux du téléphone et du télégraphe dans la mesure où les grandes lignes téléphoniques passent par eux, les salles d'amplificateurs et d'accumulateurs, les groupes électrogènes et les salles d'opération. Le réseau de communication des chemins de fer doit être protégé en accord avec les services des transports.

Nous devons maintenir le réseau de communications radiophoniques opérationnel par nos propres moyens.

(b) Arrestations. Les personnes suivantes doivent être démises de leurs fonctions sans délai et placées en état d'arrestation : tous les *Gauleiter*, les ministres-gouverneurs du Reich, les présidents, les chefs de la police, les hauts responsables de la police et des SS, les chefs de la Gestapo et les chefs des officiers SS, les chefs des services de propagande et les chefs de secteurs. Il ne peut y avoir d'exception que sur ordre venant de moi.

(c) Camps de concentration. Les camps de concentration doivent être rapidement occupés, les commandants des camps arrêtés, les gardes désarmés et confinés dans les baraquements. Les prisonniers politiques doivent être informés qu'ils doivent s'abstenir de tout rassemblement et de toute mesure individuelle jusqu'à leur libération.

(d) Waffen-SS. Si des doutes existent quant à l'obéissance des chefs des unités de la Waffen-SS ou d'officiers de la SS blindée, ou s'ils semblent ne pas faire l'affaire pour continuer d'assurer le commandement, ils doivent être placés en préventive et remplacés par des officiers de l'armée de terre. Les unités blindées de la Waffen-SS dont l'obéissance absolue est sujette à caution doivent être implacablement désarmées. Cela doit se faire énergiquement, avec des forces supérieures, afin d'éviter autant que possible les bains de sang.

(e) Police. Les antennes de la Gestapo et du SD doivent être occupées. Il convient de faire appel à la police régulière afin de soulager les forces armées.
Les ordres de police doivent être donnés par le chef de la police allemande *via* le commandement de la police.

(f) Marine et armée de l'air. Une liaison doit être instaurée avec les chefs de la marine et de l'armée de l'air. Il convient d'assurer leur action commune.

III. Pour la gestion de toutes les affaires politiques qui apparaissent dans le cadre de la loi martiale, je nomme un commissaire politique dans chaque secteur. Jusqu'à nouvel ordre, il doit assumer toutes les tâches de chef de l'administration. Il doit conseiller le commandant de secteur dans toutes les affaires politiques.

IV. Le bureau du commandant en chef de la Zone de l'Intérieur est l'état-major des opérations pour l'intérieur. Il enverra un officier de liaison auprès des commandants de secteur pour assurer l'information mutuelle sur la situation et les intentions.

V. Aucune action arbitraire ni aucune action dictée par la vengeance ne doit être tolérée dans l'exercice du pouvoir exécutif. Il faut faire bien comprendre à la population que le pouvoir exécutif prend ses distances vis-à-vis des méthodes arbitraires des dirigeants précédents.

Le commandant en chef de la Zone de l'Intérieur
n° 32 160/44, secret

Signé : Fromm, général
Graf Stauffenberg, colonel

8

Discours de Hitler, 21 juillet 1944, vers 1 heure du matin

Le propos de ce discours était de faire comprendre au peuple allemand non seulement que Hitler était bien vivant, mais aussi que la Providence l'avait sauvé pour qu'il continue à diriger son pays et – ce qui était faux – que seule une « minuscule clique » d'officiers s'était dressée contre lui et allait être « éradiquée sans merci ».

Mes camarades, hommes et femmes du peuple allemand !

Je ne sais combien de fois à ce jour une tentative d'assassinat a été préparée contre moi. Mais je m'adresse aujourd'hui à vous pour deux raisons :

1. Que vous puissiez entendre ma voix et sachiez que je ne suis pas blessé et que je vais bien ;

2. mais aussi que vous soyez au courant des détails d'un crime qui est sans équivalent dans l'histoire de l'Allemagne.

Une minuscule clique d'officiers stupides, ambitieux, sans scrupules mais aussi criminels, a comploté de m'éliminer en même temps que presque tout l'état-major des forces armées allemandes.

Une bombe placée par le colonel Graf von Stauffenberg a explosé à deux mètres de moi, sur ma droite.

Elle a très grièvement blessé un certain nombre de membres loyaux de mon état-major. L'un d'eux est mort. Je suis moi-même totalement indemne, exception faite d'égratignures, de contusions et de brûlures très légères. J'y vois une confirmation de l'ordre de la Providence m'invitant à continuer de poursuivre l'objectif de ma vie, comme je l'ai fait jusqu'à maintenant. Car je puis solennellement déclarer devant le pays tout entier que depuis le jour où je suis entré dans la Wilhelmstrasse, je n'ai eu qu'une seule pensée : faire mon devoir en agissant au mieux de mes lumières et de ma conscience. Depuis qu'il m'est apparu clairement que la guerre était inévitable et ne pouvait être plus longtemps différée, je n'ai en fait connu qu'inquiétude et travail. Je ne compte pas les jours et les nuits sans sommeil où je n'ai vécu que pour mon peuple.

À une heure où les armées allemandes sont engagées dans les combats les plus rudes, existait en Allemagne – comme en Italie – un petit groupe qui croyait pouvoir porter un coup de poignard dans le dos comme en 1918. Mais, cette fois, les conjurés se sont trompés du tout au tout. Mes chers camarades, le fait qu'à cet instant je m'adresse à vous contredit ces usurpateurs, quand ils prétendent que je ne suis plus en vie. Le cercle de ces conjurés est très restreint. Il n'a rien à voir avec les forces armées allemandes, en particulier rien avec l'armée de terre allemande. C'est une minuscule bande d'éléments criminels qui vont être maintenant éradiqués sans merci.

J'ordonne donc à cet instant :

1. Qu'aucune autorité civile n'accepte d'ordre de quelque organisme que ces usurpateurs cherchent à contrôler.

2. Qu'aucune autorité militaire, aucun chef de troupes, aucun soldat ne doit obéir à aucun ordre de ces usurpateurs ; que tout le monde est au contraire tenu d'arrêter sur-le-champ quiconque transmet ou donne un ordre de ce genre ou, en cas de résistance, de l'éliminer immédiatement.

Afin d'établir l'ordre, j'ai nommé le Reichsminister Himmler commandant de l'Armée de l'intérieur. J'ai appelé le colonel-général Guderian à l'état-major général afin de remplacer le chef de l'état-major général qui s'est actuellement retiré pour cause de maladie. Pour l'assister, j'ai nommé un second chef aguerri du front est.

Rien n'est changé dans aucune autre administration du Reich. Je suis convaincu qu'avec la disparition de cette minuscule clique de traîtres et de conjurés nous créons enfin à l'arrière, à l'intérieur, l'atmosphère dont les combattants du front ont besoin. Car il est impensable que sur le front des centaines de milliers et des millions d'hommes braves se donnent tout entiers alors qu'ici, à l'intérieur, une petite bande de créatures ambitieuses et pitoyables s'efforce de circonvenir en permanence cette attitude. Cette fois, nous allons régler des comptes, comme nous autres nazis sommes habitués à le faire.

Je suis convaincu qu'en cette heure tout officier digne, tout soldat brave le comprendra.

Quelques-uns seulement peuvent peut-être imaginer le destin qui eût été celui de l'Allemagne si le complot avait réussi. Je remercie la Providence et mon créateur, mais pas de m'avoir préservé. Ma vie n'est que souci, que travail au service de mon peuple. Mais je le remercie plutôt de m'avoir permis de continuer à porter ces soucis et de poursuivre mon travail aussi bien que je le peux au regard de ma conscience.

Tout Allemand, quel qu'il soit, a le devoir de combattre ces éléments à tout prix, soit les arrêter tout de suite, soit, s'ils offrent une forme ou une autre de résistance, les éliminer immédiatement. Des ordres ont été donnés à toutes les troupes. Ils seront exécutés aveuglément, avec l'obéissance que connaît l'armée allemande.

Je puis vous saluer une fois de plus en particulier, vous, mes vieux camarades de combat, en ce qu'il m'a été donné d'échapper à nouveau à un destin qui n'avait rien de terrible en soi pour moi, mais qui aurait valu l'horreur au peuple allemand.

J'y vois aussi un signe de la Providence qui m'appelle à continuer mon travail, et je vais donc le continuer.

9

Discours de Jodl, 24 juillet 1944

Dans son discours à divers officiers de l'état-major opérationnel, qu'il dirigeait, le général Jodl (1890-1946), principal conseiller militaire de Hitler, reconnut que le complot jouissait de soutiens plus larges qu'il ne l'avait d'abord imaginé et en parla comme d'un jour de honte pire encore que le 9 novembre 1918, le jour de la Révolution, à la fin de la Première Guerre mondiale, qui s'était gravé dans la psyché des dirigeants nazis.

Le 20 juillet a été le jour le plus noir que l'histoire allemande ait connu à ce jour, et peut-être le restera-t-il à jamais. Jusque-là, cela avait été le 9 novembre 1918. Mais, en comparaison de ce qui vient de se produire, le 9 novembre a presque été un jour d'honneur. Car, pour excuser le 9 novembre, on peut plaider qu'une portion du peuple allemand qui avait été formée contre l'État et n'entretenait aucune relation avec lui s'est lancée dans une révolution. Même au regard de la trahison italienne de l'année dernière, on peut affirmer que les personnalités dirigeantes exécutaient un ordre du chef de l'État. Ainsi ces différents cas ne sont-ils pas comparables à l'acte du 20 juillet. Il est l'œuvre d'officiers qui étaient liés par leur serment d'allégeance, qui allaient et venaient au quartier général du Führer, constamment, étaient autorisés à serrer la main du Führer, et avaient été promus par lui. Sauf en Russie et au Mexique, on n'avait encore probablement jamais vu dans le monde entier une chose pareille. Elle demeure unique par sa monstruosité. Les conjurés, qui étaient proches des Jésuites, pourraient-ils citer la maxime : « La fin justifie les moyens » ? S'ils y étaient prêts, cela ne prouverait que leur immense bêtise, et leur vision étriquée. Car comment pensaient-ils être utiles à leur peuple ? 1918 a déjà montré ce qui arrive si l'on espère une paix à bon compte pour se débarrasser du régime.

[...] C'est faire montre d'une incompréhensible myopie que d'imaginer qu'un putsch permettra d'approcher les Anglo-Saxons, quand ceux-ci ne peuvent tenir leur position vis-à-vis des Soviétiques. Si le complot avait réussi, il aurait bien fallu rétablir l'ordre à l'intérieur après des combats. Le danger était cependant de voir le front s'effondrer entre-temps.

Voilà pour le regard qu'on peut porter sur les événements du point de vue de la politique et de la discipline. L'aspect humain est encore plus affligeant. On voudrait s'enfoncer sous terre de honte. Depuis 1918, le corps des officiers, autrefois soudé, avec ses rangs où régnait l'harmonie, n'existe plus. Au temps où il existait, c'est-à-dire depuis la fondation du Reich, je suis sûr qu'il n'a jamais connu un seul cas de haute trahison et de félonie [...].

Il est apparu que l'action avait bien plus d'ampleur que le Führer ne l'a indiqué dans son discours. Des personnes qui n'appartiennent pas aux forces armées y sont aussi impliquées. Il est maintenant possible de dresser un bilan général et d'en tirer toutes les conséquences. Le temps n'est pas à la miséricorde, et le temps des partisans tièdes est révolu. La haine pour tous ceux qui résistent ! Voilà ce que, personnellement je ressens [...].

Après qu'on aura retranché toute la pourriture, la question est d'unir les éléments restants. Force nous est d'avouer que le peuple a fait montre d'une meilleure attitude que ces officiers, alors même que la population a dû souffrir plus que les auteurs du complot.

La volonté de résister à l'ennemi s'est maintenant embrasée [...]. Ainsi devenons-nous plus forts et osons-nous espérer que nous surmonterons cette crise, telle que nous ne saurions en imaginer de pire. Je caresse l'espoir que, parmi tous les officiers que je regarde au fond des yeux, il n'y aura pas de tiède. Je suis convaincu que nous sortirons de cette situation. Mais même si la chance était contre nous, nous devrions nous rassembler résolument autour du Führer avec nos armes, jusqu'au dernier, afin que nous soyons justifiés devant la postérité. Pour nous, les anciens, c'est plus facile que pour les jeunes qui sont parmi nous. Mais cela ne change rien à la situation, car nous devons nous acquitter de notre devoir avec honneur aux yeux de l'Histoire et de la postérité.

10

Extraits des procès devant le tribunal du peuple

Ces extraits, si brefs soient-ils, suffisent à donner une idée du ton des débats de la cour et de la façon dont le président du tribunal du peuple, Roland Freisler (1893-1945), tenta de dénigrer et d'humilier les accusés.

Procès du comte Yorck von Wartenburg

YORCK : Monsieur le président, j'ai déjà dit qu'au vu du cours pris par l'idéologie national-socialiste, je...

FREISLER (l'interrompant) : ... n'étais pas d'accord ! Très exactement, vous avez dit : s'agissant de la question juive, l'extermination des Juifs ne vous convenait pas ; la conception nationale-socialiste de la justice ne vous convenait pas.

YORCK : L'essentiel est le lien entre toutes ces questions, la prétention de l'État à exercer un pouvoir total sur le citoyen, avec l'élimination de ses obligations religieuses et morales envers Dieu.

FREISLER : Dites-moi, où le nazisme a-t-il éliminé l'obligation morale d'un Allemand ? Le national-socialisme a rendu les obligations morales d'un Allemand, de l'homme allemand, de la femme allemande, infiniment plus saines, il les a infiniment approfondies.

Je n'avais encore jamais entendu dire qu'il avait éliminé les obligations morales. Pour ce qui est de la religion, là, le nazisme est très modeste. Il dit : s'il vous plaît, faites comme bon vous semble, mais tenez-vous en à l'autre monde avec vos exigences, l'Église. Car les âmes, après tout, papillonneront dans l'autre monde. Ici, sur terre, notre vie présente compte. Sans quoi l'Église pourrait s'occuper de politique. Ce que vous dites est donc pour le moins très déformé ; ça n'a pas de sens.

YORCK : Dans mon esprit, ce n'était qu'une explication.

FREISLER : De plus, pour ce qui est de la conception nazie de la justice, je puis dire, pour avoir été au cœur de la jurisprudence depuis de longues années, que notre conception du droit a aussi été marquée par un approfondissement considérable sur un plan tant théorique que pratique. La justice de notre peuple a connu une renaissance et une intensification considérables [...]. Ce que vous avez dit demeure une énigme. Mais vous dites : je n'étais pas d'accord. Maintenant je vous pose la question : si Stauffenberg vous demandait votre parole d'honneur, et que vous entendiez une chose pareille, quel genre de pensées vous passaient par la tête ? Une telle parole d'honneur peut-elle avoir la moindre valeur ?

YORCK : Je me sens liée par elle, monsieur le président.

FREISLER : C'est bien le signe que votre attitude est absolument anarchiste.

YORCK : Je ne dirais pas les choses exactement de cette façon.

FREISLER : Mais je crois que c'est une manière claire et juste de la décrire. Car c'est de l'anarchie, si tout le monde peut créer une justice de liberté d'action dans la communauté, rien qu'en disant ça. La loi générale de l'action dans notre communauté demande de combattre et de détruire toute trahison du peuple, du Führer et du Reich, en toutes circonstances. Si vous faites vous-même la loi, si vous dites, « quand je donne ma parole d'honneur, alors je ne peux pas participer », c'est un principe anarchiste que vous professez. Vous pouvez bien lui donner le nom que vous voulez [...].

Procès du comte Schwerin von Schwanenfeld, août 1944

FREISLER : Vous avez dû avoir une expérience particulière dans la campagne de Pologne. N'avez-vous pas été particulièrement actif en Prusse occidentale ?

SCHWERIN : En effet.

FREISLER : Autrement dit, vous avez eu le privilège de libérer votre patrie, en tant que soldat de notre Führer.

SCHWERIN : Monsieur le président, les expériences politiques que j'ai personnellement connues m'ont valu diverses difficultés. J'ai très longtemps travaillé pour le germanisme (*Deutschtum*) en Pologne et tout au long de cette période mon attitude envers les Polonais a oscillé. C'est un...

FREISLER : En tout état de cause, pouvez-vous blâmer le nazisme de cette oscillation ?

SCHWERIN : Je pensais aux nombreux meurtres...

FREISLER : Des meurtres ?

SCHWERIN : Au pays et à l'étranger...

FREISLER : Vous êtes vraiment une vile canaille. Vous ne sombrez pas sous cette pourriture ? Oui ou non, vous ne sombrez pas là-dessous ?

SCHWERIN : Monsieur le président !

FREISLER : Oui ou non, une réponse claire !

SCHWERIN : Non.

FREISLER : Vous ne pouvez pas tomber plus bas. Car vous n'êtes plus qu'un petit tas de misère qui n'a plus le moindre respect pour lui-même.

11

Les exécutions racontées par un gardien de prison

La soif de vengeance de Hitler envers ceux qui avaient comploté contre lui trouve un écho dans cette description macabre des exécutions, même s'il n'est pas certain que Hitler ait vu le film tourné à cette occasion.

Imaginez une pièce au plafond bas et aux murs blanchis à la chaux. Sous le plafond, était fixé un rail auquel pendaient six gros crochets, comme ceux qu'utilisent les bouchers pour leurs quartiers de viande. Dans un coin était placée une caméra. La lumière des projecteurs était éblouissante, aveuglante, comme dans un studio. Dans cette étrange petite pièce se trouvaient le procureur général du Reich, le bourreau et ses deux acolytes, deux techniciens chargés de la caméra, et moi-même avec un second gardien de prison. Au mur, une petite table, avec une bouteille de cognac et des verres pour les témoins de l'exécution.

On a fait entrer les condamnés. Ils portaient leur tenue de prisonnier, les menottes aux mains. On les a disposés sur un seul rang. Le regard mauvais, blaguant, le bourreau s'est mis au travail. Il était connu dans son milieu pour son « humour ». Pas de déclaration, pas de religieux, pas de journalistes.

L'un après l'autre, tous les dix y sont passés, chacun à son tour. Tous ont montré le même courage. En tout et pour tout, cela a pris vingt-cinq minutes. Le bourreau ne s'est pas départi de son air narquois et n'a cessé de plaisanter. La caméra a tourné sans interruption, car Hitler voulait voir et entendre comment ses ennemis étaient morts. Il a pu voir la scène, le soir même, à la chancellerie du Reich. C'était son idée. Il avait demandé à voir le bourreau, et avait personnellement réglé les détails de la procédure : « Je veux les voir pendus, pendus comme des quartiers de viande. » Ce sont ses mots.

12

La dernière lettre de Helmuth Graf von Moltke

Le trait dominant de cette lettre extraordinaire est la profondeur des convictions chrétiennes de Moltke (associées à une certaine forme de socialisme). Non content de l'animer et de le motiver, celles-ci lui donnaient un sentiment de supériorité sur le nazisme et ses représentants qui le tenaient dans leurs griffes et devaient bientôt l'exécuter.

11 janvier 1945

[...] Le drame des procès de guerre, en dernière analyse, tient à ceci : lors du procès, aucune accusation tangible n'a pu être étayée, et toutes ont été abandonnées. Oubliées. Ce qui fait tellement peur au IIIe Reich qu'il doit envoyer cinq hommes – plus tard, ils seront sept – à la mort se réduit en fin de compte à ceci : un simple particulier, ton mari, dont ils ont établi qu'il avait parlé avec deux ecclésiastiques des deux confessions, avec un Jésuite et quelques évêques. Ils ont parlé, sans intention de faire quoi que ce soit de concret – et cela a été confirmé – de choses « qui sont du ressort exclusif du Führer ». L'objet de la discussion : en aucune façon des questions d'organisation, en aucune manière l'organisation du Reich – toutes ces accusations ont été abandonnées au cours du procès, et Schulze[1] l'a déclaré expressément dans son résumé (« ... diffère de tous les autres cas en ce qu'il n'a été question ni de force ni d'aucune organisation dans la discussion... »). Les points en discussion concernaient plutôt les exigences pratiques et éthiques du christianisme. Rien de plus ; c'est pour cela seul que nous avons été condamnés. Freisler m'a dit dans une de ses tirades : « Nous et le christianisme ne sommes pareils que sur un point : nous exigeons la personne tout entière ! » Je ne sais pas si ceux qui étaient là l'ont entendu, car c'était un genre de dialogue entre Freisler et moi. Un dialogue mental, parce qu'il ne m'était pas possible de m'exprimer vraiment. À cette occasion, nous nous sommes percés mutuellement à jour, de part en part. De toute la bande, seul Freisler m'a percé à jour, et de toute la bande lui seul sait pourquoi il doit me tuer. Rien à voir avec une « personne compliquée » ou des « pensées compliquées », ou encore une « idéologie », simplement : « La feuille de vigne est tombée. » Mais juste pour Herr Freisler. Nous nous sommes parlé, pour ainsi dire, dans un vide [...].

La phrase décisive de ce procès a été : « Herr Graf, il y a une chose que le christianisme et nous, les nazis, avons en commun, et uniquement celle-ci : nous exigeons l'être humain tout entier. » A-t-il bien compris ce qu'il disait là ? Pense un peu comme Dieu a miraculeusement préparé ce vase indigne : au moment où le danger existait que je ne me laisse entraîner dans la préparation active du putsch – car Stauffenberg est venu voir Peter [Graf Yorck von Wartenburg] le 10 janvier 1944 dans la soirée –, j'étais sorti, en sorte que je suis et demeure libre de toute relation avec l'usage de la force. – Puis Il m'inculque ce trait socialiste qui me libère, moi grand propriétaire foncier, de tout soupçon de représenter des intérêts. – Puis Il

1. Procureur du tribunal du peuple.

m'humilie comme je n'ai jamais été humilié auparavant, en sorte que j'ai dû perdre tout orgueil, si bien qu'après trente-huit ans je comprends enfin mon état de pécheur et j'ai appris à implorer Son pardon et à m'en remettre à Sa grâce. Puis Il me permet de venir ici, où j'ai pu te voir calmement et sereinement, et libérer ma pensée de toi et de nos fils en bas âge, c'est-à-dire me libérer de pensées inquiétantes. Puis Il me donne le temps et l'occasion de mettre en ordre tout ce qui pouvait l'être, en sorte de prendre congé de toutes les pensées prosaïques. – Puis Il me laisse éprouver la douleur du départ et la peur de la mort ainsi que la peur de l'enfer dans une intensité inouïe ; en sorte que celle-ci, aussi, est passée. Puis Il me comble de foi, d'espoir et d'amour, dans une véritable surabondance de richesse [...].

Mon cœur, ma vie est achevée, et je puis dire de moi : il est mort vieux et rassasié de la vie. Cela ne change rien au fait que j'aimerais vivre encore un peu plus longtemps, que j'aimerais t'accompagner encore un bout de chemin ici-bas. Mais il faudrait pour cela un nouvel ordre de Dieu. L'ordre pour lequel Dieu m'a créé a été accompli. S'Il veut me donner encore un nouvel ordre, nous le saurons. Aussi peux-tu sans hésitation faire un effort pour sauver ma vie si je devais survivre aujourd'hui. Peut-être y aura-t-il un autre ordre.

J'arrête, car il n'y a plus rien à dire. Je n'ai mentionné personne que tu devrais saluer et embrasser. Tu sais toi-même à qui sont destinées les instructions que je t'adresse. Tous les mots qui nous sont chers sont dans mon cœur et dans le tien. Mais je te dis, à la fin, en vertu du trésor qui a été placé en moi, et qui emplit ce modeste vase de terre : puisse la grâce de notre Seigneur Jésus-Christ, l'amour de Dieu et la communauté de l'Esprit-Saint être avec vous tous.

Amen.

13

Peter Graf Yorck von Wartenburg, Lettres d'adieu à sa mère et à sa femme

Dans ces lettres touchantes, Yorck von Wartenburg (1904-1944), le plus proche collaborateur de Moltke dans le cercle de Kreisau, exprime le souci altruiste d'une meilleure Allemagne qui avait inspiré son engagement dans l'opposition à Hitler et, comme Moltke, la profondeur de la foi chrétienne qui le soutient alors que son exécution approche.

Extrait de la lettre d'adieu à sa mère

[...] Le degré de misère intérieure par lequel les gens comme moi sont passés dans les dernières années est certainement incompréhensible à ceux qui sont complètement enveloppés dans leur foi, que je ne partage tout simplement pas. Je puis t'assurer qu'aucune pensée ambitieuse, qu'aucun désir de pouvoir n'a déterminé ce que j'ai fait. Seuls ont conduit mon action mes sentiments pour mon pays, le souci de mon Allemagne telle qu'elle s'est développée depuis deux millénaires, mon effort au nom de son développement intérieur et extérieur. Ainsi puis-je me tenir la tête haute devant mes ancêtres, mon père et mes frères. Peut-être viendra un temps qui nous jugera non pas comme des canailles, mais comme des prophètes et des patriotes. Que ce merveilleux appel puisse honorer Dieu, telle est ma fervente prière.

À sa femme

[...] Il semble que nous soyons au terme de notre belle et riche vie humaine. Car demain, le tribunal du peuple rendra son jugement sur moi et les autres. J'entends que l'armée nous a chassés. On peut retirer l'habit, mais pas l'esprit dans lequel nous avons agi. Et dans cet esprit je me sens proche des pères, des frères et des camarades. Les voies du Dieu qui m'a conduit sur ce chemin sont impénétrables : je l'accepte humblement. J'ai agi d'un cœur pur, mû par le sentiment de culpabilité qui nous accable tous. J'espère donc avec confiance trouver en Dieu un juge miséricordieux. [...] Quittant la dernière communion, j'ai ressenti une élévation presque surnaturelle ; je voudrais croire à une proximité avec le Christ. En me retournant, j'ai le sentiment d'un appel.

[...] J'espère que ma mort sera acceptée en expiation de tous mes péchés, en sacrifice expiatoire pour tout ce que nous portons ensemble. Par le sacrifice, la distance de notre temps avec Dieu peut être modestement raccourcie. Pour ma part, je meurs pour la patrie. Bien que les apparences extérieures soient fort peu glorieuses – honteuses, en vérité – je fais ces derniers pas la tête haute ; et j'espère seulement que tu ne voies aucune arrogance ni aucune illusion dans cette attitude. Nous voulons allumer la torche de la vie ; une mer de flammes nous entoure : quel feu !

Table

Cet ouvrage a été reproduit et achevé d'imprimer
sur Roto-Page par l'Imprimerie Floch à Mayenne en décembre 2008
N° d'édition : L.01EHBN000273.N001.
N° d'impression : 72720.
Dépôt légal : janvier 2009.
Imprimé en France.